C000163264

1 MONTH OF

FREE

READING

at

www.ForgottenBooks.com

By purchasing this book you are
eligible for one month membership to
ForgottenBooks.com, giving you
unlimited access to our entire
collection of over 1,000,000 titles via
our web site and mobile apps.

To claim your free month visit:

www.forgottenbooks.com/free322955

* Offer is valid for 45 days from date of purchase. Terms and conditions apply.

ISBN 978-0-666-43539-2
PIBN 10322955

This book is a reproduction of an important historical work. Forgotten Books uses
state-of-the-art technology to digitally reconstruct the work, preserving the original format
whilst repairing imperfections present in the aged copy. In rare cases, an imperfection in
the original, such as a blemish or missing page, may be replicated in our edition. We do,
however, repair the vast majority of imperfections successfully; any imperfections that
remain are intentionally left to preserve the state of such historical works.

Forgotten Books is a registered trademark of FB &c Ltd.
Copyright © 2018 FB &c Ltd.
FB &c Ltd, Dalton House, 60 Windsor Avenue, London, SW19 2RR.
Company number 08720141. Registered in England and Wales.

For support please visit www.forgottenbooks.com

KÖLNER STUDIEN
ZUM STAATS- UND
WIRTSCHAFTSLEBEN

HERAUSGEGEBEN VON
P. ABERER, CHR. ECKERT, J. FLECHTHEIM,
K. J. FRIEDRICH, ED. GAMMERSBACH, H. GEFFCKEN,
K. HASSERT, J. HIRSCH, B. KUSKE, PAUL MOLDENHAUER,
F. STIER - SOMLO, ADOLF WEBER, K. WIEDENFELD,
A. WIERUSZOWSKI, W. WYGODZINSKI
Schriftleitung: BRUNO KUSKE

Heft 2:

Die Wanderbewegungen der Juden

von

Wlad. W. Kaplun-Kogan

BONN 1913
A. MARCUS UND E. WEBERS VERLAG
(Dr. jur. Albert Ahn)

Die
Wanderbewegungen der Juden

von

Wlad. W. KAPLUN-KOGAN

BONN 1913

A. MARCUS UND E. WEBERS VERLAG

(Dr. jur. Albert Ahn)

Aus dem volkswirtschaftlichen Seminar

von

Professor Dr. jur. et phil. ADOLF WEBER

DS
125
K...

Alle Rechte vorbehalten.

Vorwort.

Bevor ich das Buch dem Leser übergebe, möchte ich einige Punkte, die zum besseren Verständnis des Folgenden dienen mögen, hervorheben:

1. Das Buch stellt den Versuch dar, die jüdischen Wanderbewegungen zusammenzustellen, o h n e j e d o c h d e n A n s p r u c h a u f V o l l s t ä n d i g k e i t z u e r - h e b e n; denn es war dem Verfasser vornehmlich darum zu tun, die H a u p t r i c h t u n g e n der Wanderungen fest- zuhalten und den Geist der Bewegungen herauszuarbeiten. Der Verfasser weiß selbst sehr wohl, daß dies oder jenes gar nicht zum Ausdruck gekommen ist, was ja bei dem Zwecke der Untersuchung von vornherein nicht anders sein konnte.

2. Es ist das Ö k o n o m i s c h e in der jüdischen Ge- schichte, was die jüdischen Wanderbewegungen in der nach- folgenden Darstellung erklären soll. Ich habe absichtlich von anderen Momenten abgesehen, um mich nicht in den ver- schiedenartigsten Erklärungsmöglichkeiten zu verlieren. Es will mir scheinen, daß bei einer solchen Begrenzung — man mag sie auch „Einseitigkeit" nennen — das Richtige oder das Falsche des Erklärungsversuches am stärksten und klar- sten zum Ausdruck kommt; vom methodologischen Stand- punkte aus wird man gegen das Verfahren kaum etwas ein- wenden können.

3. Der Verfasser hat sich bemüht, sich wissenschaft- lich nicht berechtigter W e r t u r t e i l e zu enthalten; die Werturteile, die man im Buche findet, überschreiten

nicht das Gebiet der Untersuchung. Wenn beispielsweise auf Grund der Statistik festgestellt wird, daß die finanzielle Lage der jüdischen Einwanderer, die in die Vereinigten Staaten von Amerika übersiedeln, viel zu wünschen ührig läßt, so wird damit freilich ein Werturteil abgegeben, das jedoch im Rahmen der Untersuchung — um mit B e r n s t e i n s Worten zu sprechen — nicht transzendent ist. Im übrigen ist der Verfasser vollständig mit B e r n s t e i n einig, wenn dieser sagt: „Nur ein Werturteil, das von Zwecken ausgeht, die jenseits des Untersuchungsgebietes einer Wissenschaft liegen, ist für diese transzendent und kann daher aus ihren Diskussionen verwiesen werden, wenn es sich darum handelt, die Grenzen zu bestimmen, die sie von anderen Wissenschaften oder von Betätigungen trennen, die die Ergebnisse der Wissenschaft praktisch zu verwerten suchen." („Sozialistische Monatshefte", 23. Heft, p. 1410, 1912.) —

Die Arbeit ist entstanden im volkswirtschaftlichen Seminar von Professor Dr. A. W e b e r (Köln). Der Verfasser benutzt gerne die Gelegenheit, dem verehrten Herrn Professor seinen aufrichtigsten Dank für die Unterstützung, die er der Arbeit angedeihen ließ, auszusprechen.

W l a d. W. K a p l u n - K o g a n.

K ö l n , im Februar 1913.

Inhaltsverzeichnis.

Einleitung.

Die jüdische Frage als Wanderungsproblem.

Die Auswanderung im volkswirtschaftlichen Sinne besteht darin, daß eine kleine oder größere Zahl von Menschen das Land, das sie bis jetzt als ihre Heimat betrachtete, verläßt, um sich auf fremdem Boden eine neue Heimat zu gründen. Das Verlassen der Heimat braucht nicht mit dem Aufgeben der Staatsangehörigkeit verknüpft zu sein, wohl ist es aber notwendig, daß der Auswanderer seine w i r t - s c h a f t l i c h e B e t ä t i g u n g in der Heimat aufgibt, um auf fremdem Boden die für sein Leben notwendigen Mittel zu erwerben. Somit ist der w i r t s c h a f t l i c h e Z w e c k, die Absicht, sich in der neuen Heimat erwerbsmäßig zu betätigen, das Merkmal der Auswanderung. Es mögen noch so viele Deutsche oder Engländer in Sommermonaten nach der Schweiz oder — im Frühling und Herbst — nach Italien übersiedeln, — ihre vorübergehende Übersiedelung stellt noch keine Auswanderung dar; dabei kommt es nicht darauf an, daß der Aufenthalt in diesen Ländern nur ein vorübergehender ist, sondern nur darauf, daß die Übersiedelung nicht mit dem Aufgeben der wirtschaftlichen Tätigkeit in der ersten und der Ausübung einer neuen in der zweiten Heimat verknüpft ist. Die Auswanderung aber kann wohl auch vorübergehend sein, wie die der italienischen Landarbeiter, die nur auf bestimmte Zeit auswandern.

Die Gründung von neuen Staaten, die Verbreitung der Kultur, die Ausdehnung der Herrschaft einzelner Völker, wie es nach der überseeischen Auswanderung am Anfang der Neuzeit der Fall war, sind nur Folgeerscheinungen der ursprünglichen Auswanderung *).

---

*) Ähnliche Bestrebungen in der Gegenwart gebören der Kolonisation an, die uns hier nicht angeht.

Wlad. W. Kaplun-Kogan, Wanderbewegung

Den Begriff der Auswanderung resp. der Einwanderung bekommen wir, indem wir auf dem Standpunkte eines resp. zweier Länder stehen (auch des Einwanderungslandes). Ein viel weiterer Begriff ist der der Wanderung.

Unter Wanderung versteht man den Komplex derjenigen räumlichen Verschiebungen, welche alle Völker in ihrer Geschichte durchgemacht haben. Diese Bewegungen beschränkten sich nicht von vornherein auf bestimmte Gebiete, hatten vor sich nicht ein bestimmtes Ziel, sondern spielten sich unter der Einwirkung der verschiedenartigsten Momente innerhalb der ganzen bewohnbaren Erde ab. Diese Wanderungen gehören der Weltgeschichte an. „Wir verlassen dabei den Standpunkt des einzelnen Volkes, von dem allein es eine A u s wanderung gibt, und nehmen den der Menschheit ein, welche nur Wanderungen kennt"[1].

Es ist nun klar, daß für fast alle modernen K u l t u r - v ö l k e r diese Wanderungen, die die Konstruierung der heutigen Nationen begleiteten, nicht mehr in Betracht kommen[2]. Die heutigen Kulturvölker haben sich schon seit langer Zeit festgesetzt, eine V ö l k e r wanderung im ursprünglichen Sinne ist wohl nicht mehr denkbar. Nur ein Volk befindet sich noch bis heute auf der Wanderung, ohne daß ein festes Ziel und eine bestimmte Richtung seiner Wanderbewegungen sich feststellen ließe. Auf der ganzen Erde zerstreut, in seinen Geschicken nicht nur von seiner eigenen Entwickelung, sondern in erster Linie vom wirtschaftlichen Leben der Herrenvölker abhängig, wandert dieses Volk durch alle Städte und Gaue der Welt.

Dieses Volk — das jüdische — hat sich noch nicht festgesetzt. Und die jüdische Frage, deren Wesen vor allem in den jüdischen Wanderungen besteht, ist darum ein Wanderungsproblem[3]; die jüdische Geschichte fängt mit Wanderungen an, ihren ganzen Inhalt bildet eine ununterbrochene Kette von Wanderungen, und heute sind wir Zeugen einer Wanderung, die nach ihren Dimensionen alle früheren weit überflügelt. Es wäre eine ganz vergebliche Mühe, in der Geschichte ein entsprechendes Analogon zu den heutigen Wanderungen der Juden zu suchen. Die Vertreibung aus Spanien und Portugal hat 300 000 Juden zu

Wanderern gemacht, während in der kurzen Spanne Zeit von 30 Jahren (1881—1911) mehr als 2 Millionen osteuropäischer Juden ausgewandert sind.

Der erste Grund dieser Kontinuität der jüdischen Wanderungen besteht darin, daß die Juden seit ihren Wanderungen von der Zerstörung des jüdischen Staates bis in die Gegenwart hinein noch nie Gelegenheit gehabt haben, einem Lande zu begegnen, wo sie sich allein als Herrn niederlassen könnten. Die Juden haben noch kein Land okkupiert; sie gingen immer — ob absichtlich oder durch äußere, von ihrem Willen unabhängige Umstände gezwungen, ist eine Frage für sich, die in diesem Zusammenhange nicht zu erörtern ist — in solche Länder, die schon Besitz anderer Völker waren. Diese Völker, die in ihrem sozial-wirtschaftlichen und geistigen Leben meistens einen geschlossenen Volksorganismus bildeten, konnten die eingewanderten Juden nur in dem Falle auf die Dauer in ihrer Mitte beherbergen und dulden, daß die letzteren diejenigen Plätze besetzten, die vom Wirtsvolk einstweilen frei gelassen wurden.

Dies geschah natürlich nicht durchaus in der Art, daß die Juden einen Kontrakt mit dem Herrenvolk abschlossen, kraft dessen ihnen gewisse Räume im Hause des Wirtsvolkes zur Verfügung gestellt wurden; dafür sorgte schon die unerbittliche Entwickelung der Dinge selbst. Die Juden konnten eben nur „in den Poren" der fremden Völker leben, — oder sie mieden das Land, wo es solche Poren nicht gab, oder endlich sie wurden aus dem Lande einfach weggetrieben.

Somit bildeten die Juden immer einen Fremdkörper im Organismus der Wirtsvölker.

Die jüdischen Wanderungen werden uns nur dann verständlich, wenn wir bei jedem einzelnen Falle feststellen, was für Funktionen die Juden bei den Wirtsvölkern ausübten. Erst die Ermittelung dessen, was die Juden für das Wirtsvolk in ihrer wirtschaftlichen Betätigung bedeuteten und wie sich das Wirtsvolk zu diesen Betätigungen stellte, kann uns den Schlüssel zum Verständnis der jüdischen Wanderungen geben.

Das eine ist aber von vornherein festzuhalten: mochten die wirtschaftlichen Funktionen der Juden ursprünglich dem Wirtsvolk noch so fern liegen, — lange dauerte es nicht, und das Wirtsvolk fing an, sich auf ökonomischen Gebieten zu betätigen, die bis dahin ausschließliches Eigentum der Juden gewesen waren. Was es dazu bewog, kann hier nicht gleich untersucht werden. Gleichviel — das Zusammenleben der Juden mit anderen Völkern artete schließlich in einen Konkurrenzkampf aus. Dieser Konkurrenzkampf war und ist überall der Vorbote der jüdischen Auswanderung — und besonders dort, wo die Juden sich nicht in kleinen Gruppen, sondern in breiten Massen aufhielten.

Hier tritt uns eine Erscheinung entgegen, die merkwürdig genug ist, um beachtet zu werden. Ihr Wesen kann dahin präzisiert werden, daß je größer die numerische Stärke der Juden ist, desto geringer ihre ökonomische Widerstandskraft.

Bekanntlich ist es sonst anders: bei den Arbeitern, die ihre Arbeitskraft dem Kapitalisten anbieten und deren größere Zahl auf Angebot und Ausfall des Arbeitsvertrages anscheinend ungünstig wirken sollte, verhält es sich nicht so wie bei den Juden: denn erst große Arbeitermassen, an einem Orte konzentriert, haben es ermöglicht, große und einflußreiche Arbeiterorganisationen zu schaffen, die nunmehr auf die Gestaltung der Arbeitsbedingungen ihrerseits günstig zu wirken im Stande sind [4].

Die Juden hat ihre numerische Stärke in keiner Hinsicht gefördert, sondern sie nur geschädigt. „Fast überall, wo die Juden dichter gedrängt beisammen leben, begegnen wir den Spuren tiefer Armut und manchmal entsetzlichen Elends" [5]. Umgekehrt haben die Juden dort, wo sie in kleinerer Zahl sich aufhielten, mit ihrer hervorragenden ökonomischen Begabung sich zu erheblichem Wohlstand und auch zu führenden Stellungen im Wirtschaftsleben der Wirtsvölker emporgehoben.

Die Ursache dieser Erscheinung mag wohl darin liegen, daß die wirtschaftliche Tätigkeit der Juden zum größten Teil von der sozialen Struktur der Wirtsvölker abhing und nur in zweiter Linie von der Veranlagung und den Wünschen der Juden selbst.

Indem sie in ein neues Land einwanderten und sich in den Volksorganismus des Wirtsvolkes einzugliedern bemühten, fanden sie für ihre Tätigkeit einen g e w i s s e n , b e g r e n z t e n S p i e l r a u m vor. Dieser Spielraum war und ist bei verschiedenen Völkern und in verschiedenen Epochen ein verschiedener; jedenfalls war aber die Zahl derer, die sich innerhalb dieses Spielraumes wirtschaftlich betätigen, eventuell emporheben konnten, von vornherein durch objektive, äußere Umstände bestimmt. Nunmehr kam es a u f d i e Z a h l d e r J u d e n an; je weniger zahlreich sie waren, desto mehr Chancen hatten sie, sich durchzusetzen; je zahlreicher sie waren, desto stärker entwickelte sich die Konkurrenz zwischen ihnen selbst. Diese Konkurrenz, zu der in der Folge noch die Konkurrenz mit dem Wirtsvolk sich gesellte, verschlechterte gründlich die ökonomische — und rechtliche — Lage der Juden. Diese Verschlechterung aber wirkte ihrerseits höchst nachteilig auf die Widerstandskraft der Juden ein.

Die hier ganz eigentümlich wirkende Macht der großen Zahl muß darum besonders berücksichtigt werden. „Die Zahl ist das Wesen aller Dinge".

Für jüdische Wanderungen kommt das besprochene Moment insofern in Betracht, als die geringere Widerstandsfähigkeit desto schneller und sicherer die Auswanderung der Juden herbeiführte. Sind doch die Länder mit größerer jüdischen Bevölkerung — und einer ganz geringen Widerstandskraft — die Hauptausgangspunkte der jüdischen Auswanderung (Rußland, Galizien, Rumänien). Und in den Hauptstädten der Vereinigten Staaten, wo sich in der kurzen Zeit von 30 Jahren etwa 2 Millionen Juden konzentriert haben, ist die jüdische (Immigrations-) Frage doch erst nach der Einwanderung der osteuropäischen Juden aufgetaucht!

Zwei Momente sind es mithin, die am deutlichsten das Wesen der jüdischen Geschichte charakterisieren: das der Konkurrenz und das der Wanderung. —

Im Folgenden wird der Versuch gemacht, die Wanderungen des jüdischen Volkes seit seinen ersten Wanderungen in Kanaan bis in die Gegenwart hinein zusammenzustellen und ihre Triebkräfte und Tendenzen zu bestimmen. Darum ist die Einteilung der Wanderungen, die hier vorgenommen wird, auch nur ein Versuch, an dem vielleicht viel auszusetzen ist, und der darum keineswegs den Anspruch auf Vollständigkeit erhebt.

Die vorgenommene Einteilung berücksichtigt nicht alle Seiten der jüdischen Wanderungen, sondern nur ihre Richtungen; man kann auch sagen: ihre geographisch-wirtschaftlichen Ziele; darum ist die (wirtschaftliche) Kultur des Aus- und Einwanderungslandes zum Einteilungsprinzip genommen; der Verfasser hat sich immer die Frage gestellt: wie verhalten sich Aus- und Einwanderungsland zu einander? Ist ihre Kultur die gleiche oder nicht?

Uns scheint dieses Prinzip das brauchbarste zu sein: denn nichts hat so auf die Lage der jüdischen Einwanderer gewirkt als eben die wirtschaftliche Kultur des Einwanderungslandes, und immer ist die Auswanderung aus dem betreffenden Lande nur auf seine ökonomische Entwickelung zurückzuführen.

Außerdem zwingt uns die Geschichte der jüdischen Wanderungen selbst zur Annahme eines solchen Prinzips: denn wenn wir die jüdischen Wanderungen in ihrer Gesamtheit überblicken, so drängt sich uns sogleich eine gewisse Gesetzmäßigkeit ihrer Richtungen auf: lange Zeit waren es Wanderungen aus den Ländern mit hoher in die Länder mit niedrigerer wirtschaftlichen Kultur, während die neueste überseeische Auswanderung offenbar eine Wanderung aus den ökonomisch rückständigsten in die ökonomisch fortgeschrittensten Länder ist.

Aber es kommt noch ein zweites Moment hinzu: von der Kultur des Einwanderungslandes hing in erster Linie die Möglichkeit der jüdischen Assimilation ab [6], damit aber auch die Frage der Erhaltung der jüdischen Nation. Wenn wir darum bei unserer Betrachtung gerade die Kulturstufen des Aus- und Einwanderungslandes berücksichtigen, bereiten wir auch den Boden für die Entscheidung einer der wichtigsten und reizvollsten Fragen der jüdischen Geschichte vor: wie und warum hat sich das jüdische Volk bis heute erhalten? —

Wir teilen die gesamten jüdischen Wanderungen in
drei Perioden ein. Die erste umfaßt einen gewaltigen Zeitraum: von den ersten Wanderungen in der Wüste Kanaan
bis zur Vertreibung aus Spanien und Portugal (1492 bzw.
1497). Die zweite umfaßt einen kürzeren Zeitraum von
etwa 400 Jahren: von der Vertreibung aus Spanien und Portugal bis zum Beginn der überseeischen Auswanderung (1871).
Die dritte Periode endlich umfaßt die Wanderungen von
dem Beginn der überseeischen Auswanderung bis in die
Gegenwart hinein.

Auf den Charakter jeder einzelnen Periode kommen
wir noch später ausführlich zu sprechen. —

Obwohl es bis jetzt keine Geschichte der jüdischen
Wanderbewegungen gibt, finden sich doch in verschiedenen
historischen Werken Versuche, sie zu erklären.

Auch diese Versuche haben ihre Geschichte. Zuerst
herrschte die Theologie nebst der Teleologie; man betrachtete die jüdischen Wanderungen als eine Strafe Gottes
für Sünden und Vergehen des Volkes und bürdete ihm
irgend eine Mission auf. Dieser Philosophie der jüdischen
Geschichte begegnen wir schon im Alten Testament; ihr
huldigten auch die meisten alten Historiker. „Der Niedergang des jüdischen Reiches . . . wurde herbeigeführt durch
Vernachlässigung seines geistigen Bodens, sowie durch den
gänzlichen Mangel nationaler Berufserfüllung, dessen sich
das jüdische Volk schuldig gemacht hatte" [7]. Von einer
eigentümlichen Mission der Juden spricht übrigens auch
der heutige Führer der deutschen Sozialdemokratie: nach
der Meinung K a u t s k y s hätten die nach England eingewanderten jüdischen Arbeiter die Mission, den „unkollek-
tivistischen Kopf" des englischen Arbeiters für die Ideen
des Sozialismus empfänglicher zu machen!

Im Laufe der Zeit fing man an, die jüdische Geschichte
anders aufzufassen; man stellte sie als eine Rechtsgeschichte
dar. In der rechtlichen Beschränkung sah man das größte,
ja das einzige Übel, so daß die volle Gleichberechtigung der
Juden mit der übrigen Bevölkerung auch die Lösung der
jüdischen Frage herbeiführen sollte. In diesem Geiste sind
die meisten Werke, die sich mit der neuesten jüdischen Ge-

schichte befassen, geschrieben. Und der Vorwurf, den
S o m b a r t gegen die jüdische Geschichtsschreibung erhebt,
nämlich „daß die meisten Autoren ja gar keine andere Geschichte als Rechtsgeschichte kennen" [8], kann darum auch
vielen heutigen Geschichtsschreibern nicht erspart werden.

Neben dieser Richtung bahnt sich erst in der neuesten
Zeit eine andere den Weg; man wendet sich mehr und mehr
der W i r t s c h a f t s g e s c h i c h t e der Juden zu, ja, man
versucht auch, die Schicksale des jüdischen Volkes aus
seiner ökonomischen Entwickelung und der seiner Wirtsvölker zu erklären. Die Entstehung der jüdischen Arbeiter-
parteien hat die Aufmerksamkeit auf die eigenartige jüdische Arbeiterfrage gelenkt, und die gewaltige Auswanderung der östlichen Juden war es auch, die die Untersuchung
der Lebensbedingungen der jüdischen Massen veranlaßte,
wobei man sofort auf die Besonderheiten in der ökonomischen Entwickelung des jüdischen Volkes stieß.

In der vorliegenden Arbeit wird nun versucht, gerade
aus diesen Besonderheiten der sozial-wirtschaftlichen Geschichte des jüdischen Volkes und dem wirtschaftlichen
Leben seiner Wirtsvölker die jüdischen Wanderbewegungen
zu erklären.

Zum Schluß sei noch erwähnt, daß die Darstellung der
Bewegungen der ersten und zweiten Periode nur den Charakter eines Überblickes trägt, die eine vollständige Er-
schöpfung des Gegenstandes keineswegs beansprucht: denn
sie ist eben nur als Einleitung gedacht. Es erschien aber
doch notwendig und billig, sie der Darstellung der dritten
Periode voranzuschicken. Auch könnte die überseeische
Auswanderung der neuen Zeit genauer untersucht werden;
doch kam es nicht darauf an, eine s p e z i e l l e Untersuchung dieser Erscheinung zu geben, sondern nur ihre Ursachen und ihren Zusammenhang mit der Lage der Juden
in den Hauptauswanderungsländern zu entdecken.

Aus der ganzen Arbeit wird es vielleicht doch möglich
sein, einen Überblick über die gesamten Wanderungen der
Juden zu gewinnen.

Erster Abschnitt.

Erste Periode: Wanderbewegungen der Juden seit den ersten Wanderungen bis zur Vertreibung aus Spanien und Portugal.

Erstes Kapitel.

Die biblischen Wanderungen und das egyptische und babylonische Altertum.

1. Die ersten Wanderungen der Juden.

„Ein umherirrender Aramäer war mein Vater" (Dt. 26,5) läßt Mose die Juden sagen und drückt damit den Inhalt der jüdischen Geschichte aus. Zwar sind alle Völker ursprünglich Wandervölker gewesen, doch sind nicht alle sich dessen so bewußt geblieben wie die Söhne Israels. Hier kann man nur feststellen, daß die späteren Volkssagen sich mit den Wanderungen der Patriarchen ziemlich ausführlich beschäftigt haben; indessen es ist nicht sicher, daß diese Sagen auch historisch denkbare Tatsachen enthalten [9]. Es läßt sich daher über die ersten Wanderungen, von denen die Genesis so viel erzählt (Ge. 12, 1—3, 10; 13, 1—4; 20; 26, 1 ff.; 31, 17 ff.) nichts Positives aussagen.

Man kann aber vermuten, daß der Charakter dieser Wanderungen derselbe war, wie aller anderen Völker, die Viehzüchter gewesen sind und mit ihren Herden umherschweiften. Daß die Hebräer schon damals auch noch den Handel neben der Hauptbeschäftigung als Viehzüchter betrieben hätten, ist nicht zu ermitteln. Zwar deutet die Benennung des Vaters der Israeliten „Aramäer" auf das Land Charran, wo die Hauptstation des Handelsweges von Baby-

lonien nach Syrien lag, doch ist dies wohl den Zuständen
späterer Zeiten entlehnt. Daß die Kulturvölker der damaligen Zeit — hauptsächlich die Babylonier — einen sehr
entwickelten Handelsverkehr hatten, kann hier nichts beweisen, da die Israeliten eben erst später aus primitiven
Verhältnissen heraus in den Kreis der Kulturvölker eingetreten sind.

Die ersten Wanderungen der Juden gebören mithin der
Zeit ihres Nomadentums an.

2. Die Wanderung nach Egypten und die Rückkehr nach Palästina. (Okkupation Kanaans um 1150 v. Chr.).

Als ein Kulturvolk erscheinen die Israeliten in der
Geschichte erst seit ihrer Niederlassung im Lande Kanaan.
Die hebräischen Berichte erzählen, daß sie vorher in Egypten, in der Provinz Gosen, ansässig gewesen, wohin sie
wegen der Mißernten und Hungersnöte ausgewandert
waren.

Diese Wanderung nach Egypten ist vielfach in Zweifel
gezogen. Welche historischen Elemente die biblische Sage
enthält, läßt sich nicht mehr feststellen. Es ist aber nicht
ausgeschlossen, daß die Hebräer sich lange Zeit hindurch
in Egypten aufhielten. Frühzeitig herrschte ein reger und
wohlgeordneter Verkehr zwischen Egypten und Syrien.
„Von demselben legt auch das berühmte Wandgemälde im
Grabe des Chnumhotep Zeugnis ab, welches darstellt, wie
im 6. Jahre des Usertesen I. 37 Amu (d. h. Kanaanäer) mit
reichen Geschenken, vor allem mit kostbarer Augensalbe,
in den antaeopolitischen Gau einwandern und Chnumhoteps
Schutz aufsuchen. In noch viel höherem Maße sind die
asiatischen Fremden jedenfalls in Unteregypten ein-
gewandert"[10]. Es ist nun anzunehmen, daß unter diesen
„Amu" auch Hebräer gewesen sind. Sie konnten sich in
Egypten wirtschaftlich entweder als Händler oder Handwerker betätigen. Egypten stellte damals einen Feudal-
staat mit Naturalwirtschaft dar; die Handwerksberufe blieben jedoch vollständig frei; die gesamte Kultur war hoch
entwickelt. Die Israeliten aber stellten ein kulturell tiefer

stehendes Volk dar und wurden gewiß auch als ein solches angesehen; sie nahmen in dem fest organisierten Staat jedenfalls eine besondere Stellung ein.

Der Auszug aus Egypten unter Mose ist in tiefes Dunkel gehüllt; es fehlt hier vollständig an irgend welchen Anhaltspunkten. Desto zahlreicher sind freilich alle möglichen und unmöglichen Hypothesen. Die Hypothese Kautskys [11], daß die Hebräer in Egypten eine Niederlassung fremder Händler bildeten und je nach den Situationen im Lande verschieden behandelt wurden, um schließlich als „lästige Ausländer" verjagt zu werden, ist eben nur eine Hypothese.

Jedenfalls war die Okkupation Kanaans kein einheitlicher Akt; sie dauerte sicher ziemlich lange. So sind einzelne Stämme, bevor sie sich nach und nach im Lande niederließen, noch einige Zeit hindurch in der Wüste herumgewandert.

3. Die Fortführung nach Babylonien.
(597 und 586 v. Chr.).

Erst über die Fortführung nach Babyhonien haben sich zuverlässige Überlieferungen erhalten, sodaß ihre Ursachen und ihr Verlauf genauer und sicherer festgestellt werden können. Mit dieser Fortführung, wie überhaupt mit dem Exil, fängt die eigenartige Geschichte der Juden an, denn bis dahin unterschieden sie sich schwerlich von anderen Völkern des Orients. Die unmittelbare Ursache der Fortführung war der Zug des babylonischen Königs Nebukadnezar gegen das kleine Reich Juda und dessen vollständige Eroberung nach der Einnahme Jerusalems. Um diesen Zug Nebukadnezars verstehen zu können, müssen wir uns die damalige Lage der Dinge vergegenwärtigen.

Nebukadnezar, der König der Babylonier, hat, nachdem er das Joch der Assyrier abgeschüttelt, ein neues, mächtiges Reich gegründet. Um den Wohlstand des Reiches zu fördern, mußte er die alten, durch die vorherigen Kriege unterbrochenen Handelsbeziehungen wieder anknüpfen. Denn der Handel war damals die Hauptquelle des Reichtums. Nun hatte Nebukadnezar zum Rivalen das alte Egypten, das schon von jeher den Wunsch hegte, den ganzen

Handel des Orients an sich zu reißen. Daher war die ganze äußere Politik Nebukadnezars durchaus beherrscht von dem Gegensatz zu Egypten.

Auf dem Wege von Babylonien nach Egypten aber lag das kleine, seiner geographischen Lage nach so bedeutende Palästina. Palästina war damals das Durchgangsland zwischen zwei großen Reichen: Egypten und Babylonien. Diese geographische Besonderheit bestimmte die ganze Politik der Juden — aber auch das Verhalten der Nachbarn ihnen gegenüber. Denn die ersteren konnten den fremden Handel entweder vermitteln und fördern oder hemmen, indem sie Karawanen überfielen und ihnen Zölle auferlegten.

Es lag daher im direkten Interesse Nebukadnezars, Palästina in Abhängigkeit zu bringen, zumal die Juden Miene machten, mit den Egyptern ein Bündnis zu schließen. Ebenso wie sich später im Mittelalter erbitterte Kämpfe um eine wirtschaftsgeographisch günstige Lage, etwa um das Stapelrecht — z. B. zwischen Wien und Nürnberg oder um das der rheinischen Städte — drehten, wollte Nebukadnezar in Palästina freie Hand haben. Wie „der König von Damaskus nach einem Siege über Israel sich nicht nur Grenzdistrikte abtreten läßt, sondern auch das Recht erwirbt, in Samaria einen Bazar anzulegen" [12], beanspruchte Nebukadnezar in Jerusalem wohl auch ähnliche Rechte.

Im Jahre 597 v. Chr. begann er den Krieg. In demselben Jahre fiel schon Jerusalem. Um nun den Feind wehrlos und den selbständigen Handel vollständig unmöglich zu machen, führte Nebukadnezar den König und die Reichen, d. h. Großhändler und Großgrundbesitzer, aber auch einige reiche Handwerker, die ebenfalls Handel trieben, mit sich nach Babylonien. „Alle wehrfähigen Leute, siebentausend an der Zahl, und die Schmiede und Schlosser, tausend an der Zahl, lauter kriegstüchtige Männer — die brachte der König von Babel als Gefangene nach Babel." (Das 2. Buch der Könige. 24, 16.) Die angegebene Zahl ist historisch richtig, doch muß man dazu noch den ganzen Hofstaat, die Frauen und Staatssklaven zählen [13]. Diese Maßregel half jedoch nicht, und die Zurückgebliebenen wollten ihre Selbständigkeit im Verkehr mit Egypten wieder geltend machen. Darum sah sich Nebukadnezar gezwungen, Jerusalem aufs neue zu belagern. Nach dessen Einnahme (586 v. Chr.) führte er nunmehr fast die gesamte Bevölkerung Jerusalems mit sich nach Babylonien. Aber auch die übrige Landbevölkerung mußte ins Exil wandern, sodaß in beiden Fällen zusammen 40 000 Männer — abgesehen von Frauen und Kindern — deportiert wurden. Dabei flüchtete ein Teil der Bevölkerung nach Egypten und nur „etliche Winzer und Ackerleute" blieben zurück, hochgerechnet 10—15 000 Mann.

Dies „Verlassen" des eigenen Landes, das jetzt vollkommen verödet dalag, bildete, wie wir gesehen haben, nicht ein notwendiges Resultat der inneren Entwickelung des Landes, sondern wurde einzig und alleine dadurch herbeigeführt, daß zwei Nachbarstaaten um die Handelsherrschaft stritten.

Waren also schon bei dieser ersten großen Wanderung der Juden die Interessen der fremden Völker so ausschlaggebend gewesen, so gestaltete sich die weitere Geschichte des jüdischen Volkes vollends in ausschließlicher Abhängigkeit vom gesamten — sozialen und geistigen — Leben anderer Völker.

4. Die Lage der Juden in Babylonien und die Rückkehr nach Palästina. (537 v. Chr.).

Das Exil dauerte nicht lange. Das große babylonische Reich konnte dem Ansturm eines frischen, starken Naturvolkes, wie es die Perser waren, nicht Widerstand leisten; auf den Trümmern des alten Reiches hat Kyros ein neues, noch größeres, noch mächtigeres errichtet.

Er war gleichzeitig auch der Befreier der Juden, der ihnen erlaubte, wieder nach Palästina zu ziehen. Von einer eigentlichen Befreiung aus dem Exil kann man jedoch nicht reden; denn die babylonischen Juden bedurften deren gar nicht.

Nebukadnezar, samt seinem Volke, war in dem Lande, in das er die Juden fortführte, selbst ein Fremder; die heimische Bevölkerung wurde niedergemetzelt, verjagt oder zu Sklaven gemacht. Das Land lag verödet, Grund und

Boden gab es genug, und tüchtige Kaufleute konnte Nebukadnezar sehr gut brauchen. Außerdem verstanden die
Juden es ausgezeichnet, sich in der neuen Heimat einzu-
richten, zumal sie auch ihr bares Vermögen aus der alten
Heimat mitgebracht hatten; ebenso hatten sie besitzlose
Arbeitskräfte, die nach der zweiten Zerstörung Jerusalems
ins Land nachkamen.

„Baut Häuser und wohnt darin, pflanzt Gärten und
genießt ihre Früchte! Nehmt Weiber und zeugt Söhne und
Töchter . . . Kümmert euch um die Wohlfahrt des Landes,
in das ich euch weggeführt habe" soll Jeremia im Namen
Gottes den Juden aus Jerusalem nach Babylon geschrieben
haben. (Jeremia 29, 5—7.) Gleichviel — die Juden haben
nach dieser Maxime gehandelt und förderten wirklich den
Wohlstand des Landes, indem sie sich — und das sei hier
schon vorweggenommen — an den meisten Handelskara-
wanen beteiligten. Dadurch verbreiteten sie sich nicht nur
durch das ganze Land, sondern auch auf dem gesamten Gebiete, das unter persischer Herrschaft stand (hauptsächlich
in Kleinasien). Schon damals begannen mithin die Wanderungen einzelner jüdischer Kaufleute, die wir später überall finden.

Jedoch wäre es sehr verkehrt, wenn wir uns die babylonische Judenheit als eine homogene Gruppe dächten.
Abgesehen davon, daß es außer den Grundbesitzern und
Händlern noch eine ziemlich starke Gruppe von Hofleuten
gab, die ihre Unterkunft am persischen Hof fand, mangelte
es auch an Armen und Besitzlosen nicht. Und die letzteren
waren es, die aus der Erlaubnis des Kyros, wieder nach
Palästina zurückzuziehen, Gebrauch gemacht haben; der
König selbst begünstigte möglichst ihren Auszug. Denn es
lag jetzt im Interesse des Kyros, in Palästina eine anhäng-
liche und treue Bevölkerung zu gewinnen, die er gegen die
alten Feinde aller am Euphrat und Tigris entstehenden
Reiche: nämlich gegen die Egypter, gebrauchen konnte.
Herodot (III, 4) erzählt, daß „der Überläufer Phanes dem
König Kambyses riet, als dieser die Expedition gegen Egyp-
ten unternahm, sich mit dem König der Araber in gutes
Einvernehmen zu setzen, um seinen Truppen einen sicheren

Durchzug durch das Land bis Egypten zu gestatten" [14]. Es mag wohl richtig sein, daß eine ähnliche Absicht auch bei Kyros vorlag: er wollte, den künftigen Krieg voraussehend, dadurch einen Vorposten gegen Egypten schaffen.

Zwar sind in dieser Epoche auch schon die Griechen ein Volk, dessen Handel seit dem 8. Jahrhundert einen mächtigen Aufschwung genommen hatte, doch waren dadurch die alten Handelswege noch nicht verschoben und der Handel zwischen dem Niltal und Babylonien groß genug. Palästina hatte seine Bedeutung als Durchgangsland noch nicht eingebüßt, und dies bewog Kyros, die Grundlage zu seinem späteren Aufblühen zu legen.

Die Rückkehr der Juden nach Palästina fand also durch Kyros' Gnade statt, doch wollten nicht alle Exulanten dieser Gnade teilhaftig werden. Die Zahl der Zurückgekehrten betrug 42 360, darunter etwa 30 000 Männer nebst 7337 Knechten und Mägden; etwa 20 000 Männer blieben in Babylonien zurück, und zwar die reichsten, die sich am Auszuge nur durch reiche Geschenke beteiligten. Die Rückkehrenden aber unter der Führung einiger Adeligen und Hofleute, die die Wiederherstellung des jüdischen Staates schon längst planten, gelangten nach ca. sechsmonatlicher Reise in die alte Heimat, wo sie das verödete Land wieder in Besitz nahmen.

Wie die Juden sich nunmehr in Palästina wieder eingerichtet haben, und zwar mit fortdauernder Hilfe der babylonischen Judenheit und unter ihrem starken Einfluß, wie die innere Entwickelung des Judentums in Palästina weiter sich gestaltete — dies alles geht uns hier nichts an; uns ist es nur darum zu tun, den Verlauf der Wanderungen darzustellen, und nun geben wir, einige Jahrhunderte überspringend, zu den nächsten Wanderungen der Juden über.

Doch bevor wir es tun, möchten wir versuchen, die Bedeutung der ersten jüdischen Wanderbewegungen uns klar zu machen.

5. Die Bedeutung der ersten Wanderungen.

Die ersten Wanderungen entziehen sich einer genaueren sozialwissenschaftlichen Analyse, da sie sich teils im bibli-

schen Altertum abgespielt haben, von dem wir nicht viel
wissen, teils aber in einem Zeitalter — im 6. Jahrhundert
v. Chr. — das nach seiner ökonomischen Struktur hin noch
nicht genügend untersucht ist.

Doch sind diese Wanderungen von größter Bedeutung,
da sie — abgesehen von allem anderen — den Inhalt der
ältesten jüdischen Religionsbücher bilden. Und das hat
etwas zu bedeuten. Denn diese Religionsbücher — ich
meine auch die 5 Bücher Moses [15] (von den Propheten wie
Esra und Nehemia, die während und nach dem Exil wirkten,
nicht zu sprechen), — welche die Bestimmung hatten, die
Juden auf allen ihren späteren Wanderungen zu begleiten,
haben dadurch auf die Herausbildung der jüdischen Eigenart mächtig eingewirkt. Selbst der literarische Niederschlag
der ersten Wanderungen, waren diese Bücher ihrerseits der
Führer und der Trost der Juden in allen ihren späteren
Wanderschicksalen.

Nun ist wohl anzunehmen, daß die Idee der Auserwähltheit des Volkes Israel und die damit verbundene
messianische Hoffnung — lange Zeit hindurch der größte
Trost der Juden und eigentlich die ausschlaggebende Idee
der jüdischen Religion [16] — aus den Wanderungen heraus
zu erklären ist. Erst seit dem Exil datiert die Überhebung
der Juden über andere Völker, über die ganze Menschheit.

Die Wanderungen wurden schon von Anfang an nicht
als Segen, sondern meistens als Strafe empfunden und auch
an vielen Stellen den Juden von Jahwe als Strafe ange-
droht. „Euch will ich zerstreuen unter den Völkern und
will hinter euch her das Schwert zücken, und euer Land
soll zur Wüste und euere Städte sollen zu Trümmerhaufen
werden". (Lv. 26, 33). Doch mußte dem Volke in seinen
ihm als Strafe auferlegten Wanderungen ein gewisser
Trost gegeben werden, damit es nicht ganz verzweifelte
und noch einen Halt, eine Würde im Leben hätte [17].

Eine theologische Auseinandersetzung Moses mit Gott
über die Führung des Volkes während seiner Wanderung
in der Wüste ist in dieser Beziehung sehr charakteristisch.
Mose will von Jahwe Genaueres über seine Absichten
wissen, als Beweis dafür, daß er Gnade bei ihm gefunden

hat. „Da erwiderte er (Jahwe): Soll ich selbst mitgehen und dich zum Ziele bringen? Er (Mose) antwortete ihm: Wenn du nicht persönlich mitgehst, so führe uns lieber nicht von hier hinweg. Woran soll denn sonst erkannt werden, daß ich samt deinem Volke Gnade bei dir gefunden habe, wenn nicht eben daran, daß du mit uns gehst, u n d w i r , i c h u n d d e i n V o l k , d a d u r c h a u s g e z e i c h n e t w e r d e n v o r a l l e n V ö l k e r n a u f E r d e n?" (Ex. 33, 14—16). Hier fordert also Mose einfach für die Juden eine besondere, bevorzugte Stellung. Ist ihm dies aber einmal gewährt worden, so bleibt das jüdische Volk Jahwes Volk, sein auserwähltes, das vor allen Völkern auf Erden ausgezeichnet ist. Die Idee der Auserwähltheit ist da, und später sagt Jahwe: „Ich bin Jahwe, der euch heiligt, der euch weggeführt hat aus Egypten, um euer Gott zu sein — ich, Jahwe" (Lv. 22, 32—33).

Dieser Glaube an die Auserwähltheit wird durch die nachfolgenden Wanderungen nur genährt, indem die Juden, unter verschiedenen Völkern zerstreut, eine Sonderstellung einnehmen; hierdurch werden sie in ihrem Bestreben bestärkt, ihre Eigenart dadurch zu erhalten, daß sie nach ihren eigenen, besonderen religiösen Gesetzen lebten. Das Leben aber nach eigenen Gesetzen, das den Zweck hatte, die völkische Eigenart: nämlich die Auserwähltheit, rein zu erhalten, machte die Juden zuweilen sehr hochmütig, indem sie sich mehr als andere Völker dünkten. Doch war dies ein Ersatz für die Misere der Wanderungen, für das Fehlen eines selbständigen, politischen Lebens, — und so wurde das Bewußtsein der Auserwähltheit durch die Wanderungen nur gestärkt. Allerdings brachte diese von den Juden immer so stark betonte Idee der Auserwähltheit — was ohne Wanderungen und Zerstreuung beim normalen Leben im eigenen Staate nicht gut möglich gewesen wäre — ihnen Haß und Hohn entgegen. Das bezieht sich hauptsächlich auf das ganze Altertum. „Nicht ihr (der Juden) Gott und ihre Religion an sich ist es, was Spott und Hohn und Verfolgung der Heiden hervorruft, sondern die hochmütige Überlegenheit, mit der sie als alleinige Bekenner des wahren Gottes allen anderen Völkern entgegentreten, jede Berüh-

rung mit ihnen als befleckend zurückweisen, den Anspruch
erheben, mehr und besser zu sein als sie, und berufen zu
sein, über sie zu herrschen" [18].

Die zweite Idee, die vielleicht auch dem Verlauf der
ersten Wanderungen entsprungen ist, ist die der Rückkehr.
Zweimal kehrten die Juden zurück nach Palästina [19], und
das hat den Glauben erweckt, daß diese Rückkehr den notwendigen Abschluß der Wanderungen bilden soll. Dies
wurde von den Verfassern der religiösen Schriften ganz
besonders mit Anwendung auf Allmacht und höhere Absichten Jahwes benutzt.

Aber es kommt noch ein anderes Moment hinzu. Nach
der Fortführung nach Babylonien war das jüdische Volk
politisch untergegangen. Doch bedeutete das nicht, daß die
Großen des Volkes, die nunmehr in Babylon hauptsächlich
am Hofe Unterkunft fanden, die Idee der Wiederherstellung
der politischen Selbständigkeit ohne weiteres aufgegeben
hätten. Zwar prosperierten sie in der Fremde und hatten
keinen besonderen Anlaß, sich über ihre Lage zu beklagen,
doch eben darum, weil sie am Hofe waren und dadurch die
Möglichkeit bekamen, auf die Herrscher Einfluß zu gewinnen, kam ihnen der Plan der Wiederherstellung nicht so
aussichtslos vor. Außerdem konnte sich nur durch diesen
Akt der Restauration die Macht des Nationalgottes kund-
geben, indem er sein Volk nie verläßt und es aus der Not
rettet. Gleichzeitig aber offenbarte sich dieser Nationalgott
auch als Weltgott, und zwar dadurch, daß er mit der Weg-
führung seines Volkes aus dem Exil anscheinend seine
Macht auch über andere Völker äußerte [20].

So mußte wenigstens eine „geringe Zahl" erhalten
bleiben. Und in der großen Trostrede steht es: „So wird
Jahwe, dein Gott, dein Geschick wenden und sich deiner
erbarmen und wird dich wieder sammeln aus allen den
Völkern, unter die dich Jahwe, dein Gott, verstreut hat.
Wenn sich Versprengte, die zu dir gehören, am Ende des
Himmels befinden sollten, wird dich Jahwe, dein Gott, von
dort sammeln und dich von dort holen, und Jahwe, dein
Gott, wird dich in das Land bringen, das deine Väter be-
sessen hatten, damit du es besitzest, und wird dich be-

glücken und mehren, reichlicher als deine Väter" (Dt. 30, 3—5).

Die praktische Bedeutung dieser Idee bestand aber darin, daß die Juden, die nachher so viel zu wandern hatten, immer — und besonders wenn es ihnen schlecht ging — sich als „Ausländer" schon von vornherein fühlten, die in der Fremde nur vorübergehend sich aufhalten, um schließlich doch die Rückkehr anzutreten. Es begann damit die bewußte Abschließung des Volkes. Diese Idee, die sogar bis in die Gegenwart hinein bei der Masse der östlichen und wohl auch der eingewanderten amerikanischen Juden ungemein stark wirkt, ließ die Juden nirgends seßhaft werden. Auch begünstigte sie ein leichteres Abiinden mit der rechtlichen und ökonomischen Lage, die nicht immer und nicht überall glänzend war. Man versöhnte sich mit den schlechten gegenwärtigen Zuständen in der Hoffnung, daß sie nur vorübergehend seien. Gleichzeitig aber hatte man einen Trost, eine Würde: — daß man ein auserwähltes Volk ist, das nur zu Gottes Ehren all die Drangsale zu erleiden hat.

Die Bürde der Wanderungen wurde zu einer Würde, — und diese fand das Volk in seinen heiligen Büchern, der Thora, den 5 Büchern Moses. Daß aber die letzteren ihre bekannte Fassung erhielten, verdanken wir zum guten Teil dem Verlauf der ersten Wanderungen [21].

Zweites Kapitel.

Das griechische und römische Altertum.

1. Die jüdischen Wanderungen seit dem Beginn der hellenistischen Zeit bis zum Untergang des jüdischen Staates.

Mit dem Beginn der hellenistischen Zeit fingen die freiwilligen Wanderungen der Juden an. Palästina, das inzwischen wieder eine starke Bevölkerung bekam, wurde nach und nach wieder von einem Teil seiner Bevölkerung — und zwar nicht vom ärmsten — verlassen. Diesmal war das Ziel der Auswanderer nicht Babylonien, sondern in erster Linie Egypten und Syrien, dann Italien, Griechenland, Kleinasien und die Inseln.

Dies hing mit dem veränderten Gang des Welthandels zusammen.

Jetzt bewegte sich der Welthandel nicht mehr zwischen dem Nil- und Euphrattal, sondern hauptsächlich auf dem Mittelmeer. Denn die hellenistische Zeit bedeutete eben neben der Erschließung des Orients für Griechenland und für die griechische Kultur auch — und zwar in erster Linie — eine starke Verschiebung der Handelsverhältnisse. „Neben der neuen Weltstadt an der Küste Egyptens tritt vor allem Kleinasien in den Vordergrund" [22]. Der Handel war nicht mehr Land- sondern Seehandel, und Alexandria wurde eine der größten Handelsstädte der Welt. So verlor Palästina seine ursprüngliche vermittelnde Stellung. Dazu kamen noch ununterbrochene Kriege zwischen Egypten und Syrien, die die Sicherheit des Lebens in Palästina aufs schwerste bedrohten. Das Land hatte „von seiner Zwischenstellung nur noch alle Nachteile bewahrt, alle Vorteile dagegen verloren" [23].

Und nun fingen die Reichen Palästinas an, auszuwandern; man kann nicht sagen, daß sie dabei patriotisch verfuhren. Zwar schickten sie regulär ihre Opfergelder nach Jerusalem, doch flossen diese nur in die Taschen der Priester; der jüdische Bauer und kleine Grundbesitzer, die schon durch vorherige Konzentration des Grund und Bodens ruiniert waren, strömten jetzt der Hauptstadt zu, wo sie — ebenso wie damals in Griechenland — etwas zu verdienen hofften. Es fing damals in Palästina der Zerfall an, der schließlich zu ununterbrochenen Revolutionen, zeitweiliger Herrschaft des Pöbels und Vernichtung des Staates durch die Römer führte.

Die Auswanderung stellte damals keinen einheitlichen Akt dar, sondern vollzog sich langsam, aber desto sicherer. Sie war in ihren Resultaten so groß, daß allein in Egypten im 1. Jahrhundert nach Chr. schon 1 Million Juden wohnte (ein Achtel der Gesamtbevölkerung Egyptens). Die größte Zahl der Juden hielt sich in Alexandria

auf (200 000 auf 500 000 der Gesamtbevölkerung). Sie be-
wohnten dort beinahe zwei von den fünf Quartieren der
Stadt, und zwar diejenigen, die an der Meeresküste lagen.
Das allein gibt schon gute Aufschlüsse über ihre Tätigkeit.
„Von dieser Lage (am Meeresufer) zogen sie (die Juden)
den größtmöglichen Nutzen; . . . sie verlegten sich auf
Schiffahrt und Ausfuhrhandel. Die Getreidefülle, welche
Rom für seine Bevölkerung und Legionen von Egyptens
reichen Fluren bezog, wurde ohne Zweifel auch auf judäi-
sche Schiffe verladen, durch judäische Kaufleute auf den
Markt gebracht" [24]. Außerdem gab es auch viele jüdische
Zoll- und Steuerpächter, die ganz große Vermögen besaßen.

Nach R o m kamen die Juden schon sehr früh. Zuerst
waren es vielleicht nur Gesandte des jüdischen Staates,
denen es in der Weltstadt sehr gut gefiel und die sich dort
niederließen. Ihre Zahl vergrößerte sich sehr durch Zuzug
der Juden aus Palästina und anderen Gegenden des römischen Reiches. Im Jahre 3 v. Chr. befanden sich allein in
einer Gesandtschaft an Augustus 8000 Männer. Die Hauptbeschäftigung der Juden bildete neben dem Handel sicher
noch das Geldgeschäft; sie gelangten an den Hof der römischen Kaiser, denen sie dann und wann in besonderer Not
sehr gute Dienste leisteten. Die Armen aber unter ihnen
waren die von den Eroberern mitgebrachten Sklaven.

Es würde uns zu weit führen, die damalige Auswanderung aus Palästina in allen ihren Richtungen zu schildern.
Genug: die Juden zerstreuten sich damals in der ganzen
Kulturwelt, oder: die Wege des Welthandels waren auch
die Wege der jüdischen Wanderungen. Es gab damals keine
(Handels-) Stadt, die nicht eine noch so kleine Gemeinde
gehabt hätte. Die Sibylle konnte daher sagen, „daß jegliches Land und jegliches Meer von ihm (dem jüdischen
Volke) erfüllt ist" [25].

Doch sind die geschilderten Wege der jüdischen Auswanderung in der Zeit vom 2. Jahrhundert vor Chr. bis zum
1. Jahrhundert nach Chr. nicht die einzigen. Der bis-
her geschilderte Zug war der erste freiwillige Strom
der jüdischen Auswanderer. Den zweiten bildeten die
jüdischen Kriegsgefangenen, die von den Eroberern

weggeführt wurden; unter ihnen befanden sich viele
Arme, die als Sklaven verkauft wurden, jedoch an
den Orten, wo eine jüdische Gemeinde schon existierte,
von dieser losgekauft wurden. Die Zahl solcher Kriegsgefangenen mag sehr groß gewesen sein. Schon Pompejus
(63 vor Chr.) hat viele Juden nach Rom fortgeführt. Titus
soll 900 000 Juden zu Gefangenen gemacht haben [26]; wenn
die Zahl auch etwas hochgerechnet ist, so wurde doch eine
beträchtliche Zahl der Juden damals als Sklaven den Meist-
bietenden verkauft und von Palästina weggeführt. Auch
haben sich viele Juden mit den römischen Legionen über
das ganze Gebiet der römischen Herrschaft zerstreut.

Der dritte Strom — und der fällt allerdings schon in
die Zeit nach der Zerstörung des zweiten Tempels — bestand aus einem Teil der palästinensischen Juden, die nach
Babylonien auswanderten. Dort sammelten sich nach und
nach die Reste des jüdischen Volkes und stellten lange Zeit
hindurch das Zentrum der Judenheit dar.

Und endlich zerstreute sich ein Teil — und dies waren
die besten, kampfeslustigen und todesmutigen Verteidiger
der jüdischen Unabhängigkeit — auf der arabischen Halbinsel, wo sie später ein unabhängiges und starkes Gemeinwesen bildeten.

Jedoch kommen diejenigen, die nach Babylonien und
der arabischen Halbinsel auswanderten, für die weitere Gestaltung der jüdischen Wanderbewegungen in Europa nicht
in Betracht; nach Europa kamen die Juden damals über
Egypten.

Aus der wirtschaftlichen Stellung der Juden in diesem
Lande können wir auf die soziale Gliederung der an der
Auswanderung aus Palästina nach Egypten und Europa beteiligten Volksschichten schließen: es war nicht mehr eine
allgemeine V o l k s auswanderung, wie es im großen und
ganzen diejenige nach Babylonien gewesen war, sondern nur
die e i n e r b e s t i m m t e n K l a s s e. Dies ist umsomehr
zu betonen, als nur aus diesem Umstande die zukünftige
Gestaltung der jüdischen Bewegungen zu erklären ist. Die
soziale Differenzierung der jüdischen Wanderungen hörte
zum guten Teil auf; daher kam damals nach Europa nicht

das jüdische Volk, sondern nur eine Klasse der jüdischen Händler.

2. Das ausgehende Altertum.

Die eben geschilderten Wanderungen waren grundlegend für die Zukunft der Juden. Abgesehen davon, daß an ihnen sich ganz große Massen beteiligt haben, sie haben sich — und das ist das Ausschlaggebende — nicht auf zwei, drei Länder beschränkt, sondern erstreckten sich über das ganze, den Menschen damals überhaupt bekannte Gebiet. Und einmal so auf der ganzen Erde zerstreut, mußten die Juden sich entweder im Organismus des Volkes, in dessen Mitte sie verschlagen wurden, einzugliedern versuchen, oder wenn dies nicht ging: weiter wandern. Dabei wurde der Gang dieser Wanderungen wieder, wie immer, bestimmt durch die wirtschaftliche Entwickelung der Völker, in deren Mitte die Juden lebten.

Eine ungeheuere Krise suchte das mächtige römische Reich heim. Das politische Leben stockte vollständig, und die Gemüter wendeten sich von ihm ab und der Religion zu. Zwar hatte man keine erschütternden Kriege zu bestehen, trotzdem aber sank der Wohlstand unaufhörlich; zu dem allem gesellte sich der Rückgang der Bevölkerungszahl. Als Resultat des Rückganges in der Produktion und des Niederganges der Landwirtschaft trat eine ständig wachsende Geldnot ein, die immer drückender und unerträglicher wurde. „In der Landwirtschaft wird der Ackersklave immer mehr durch freie Kolonen, erblich auf dem Gute sitzende, zwischen kleinen Bauern und Tagelöhnern ungefähr die Mitte haltende, abhängige Landwirte ersetzt" ... „Die Folge ist die Rückkehr zu den primitiven Lebensverhältnissen, indem überall der Zwang, die rechtliche Bindung eintritt" [27].

Wie haben sich die Juden — gemeint sind die Juden in der Zerstreuung und nicht die in Palästina — mit dieser Krise abgefunden? Gar nicht. Denn diese Krise, die schließlich die mächtigsten Staaten der Welt zugrunde richtete, hat die Juden nicht berührt; ihre Lage wurde weder verbessert, noch entschieden verschlechtert. Denn sie gehörten nicht mit ihrer ganzen Existenz dem Staate, in dem sie wohnten, an, sie waren kein notwendiges Glied der Gesellschaft, welches mit den anderen untrennbar verbunden gewesen wäre; die Wurzeln ihrer wirtschaftlichen Existenz waren nicht so tief in den Boden des betreffenden Volksorganismus eingedrungen, daß sie das Schicksal der zugrunde gehenden Gesellschaft hätten teilen müssen. Die letztere verschwand — die Juden aber waren die einzigen, die sich aus der alten in die neue Welt hinüberretteten. Darum erschienen sie den nachfolgenden Geschlechtern als ein übernatürliches, mächtiges, ewiges Volk, das den Gesetzen des Lebens und Vergehens nicht unterworfen ist, das ewig da ist und ewig da sein wird. (Die Legende vom Ewigen Juden).

In einer Hinsicht hat die Krise die Juden doch berührt: sie mußten den Gegenstand ihres Handels wechseln oder richtiger: beschränken. Der Handel mit Massenprodukten, die in Rom und anderen Städten einen großen Absatzmarkt fanden, stockte. Mit dem Übergang zur Naturalwirtschaft brauchte man nicht mehr diese Massenprodukte, ja die Massen, das Volk, brauchten überhaupt keinen Handel mehr; denn es wurde alles auf den neugegründeten Höfen erzeugt. Der Gesamtbedarf wurde restlos durch eigene Arbeit befriedigt.

Der Handel wurde nunmehr ein Luxushandel. Könige, Kirchenfürsten, Herzöge und reiche Äbte erscheinen jetzt als Abnehmer. „Dem Kaufmann, soweit er nicht Kleinkrämer war, blieb nur Vertrieb von hochwertigen Luxusartikeln vorbehalten, deren Abnehmer er unter den wenigen zahlungsfähigen Reichen zu suchen hatte"[28].

Allerdings konnten sich die Juden bald mit einem neuen Massenprodukt trösten: Sklaven. An dem Handel mit den letzteren haben sie sich ganz hervorragend beteiligt, ja man kann sagen: sie waren eine Zeit lang fast die einzigen, die ihn betrieben.

Neben dem Luxus- und Sklavenhandel, den von nun an die Juden fast ganz an sich rissen, fing das eigentliche Geldgeschäft der Juden zu blühen an. Zwar verlor das

Geld mehr und mehr seine allgemeine Bedeutung als das einzige Zahlungs- und Tauschmittel. Wir haben es eben nicht mehr mit einer Geldwirtschaft zu tun, wie es die Wirtschaft des Altertums vor ihrem Zusammenbruch gewesen war, sondern mit einer Naturalwirtschaft — und zwar in weitem Umfange: sie erstreckte sich auf die Steuererhebung sowie auf die Zahlung des Soldes und der Gehälter. Nichtsdestoweniger aber brauchten die Herren und die Großen auf dem Lande doch ab und zu Geld. Und hier konnte der geldbesitzende Jude die besten Dienste leisten [29]. Auch in Rom selbst, mit dem der Norden Europas ferner in Verkehr blieb, ist die Geldwirtschaft eigentlich nie untergegangen — ebenso wenig wie in Byzanz. Außerdem mochte die Naturalwirtschaft im Binnenverkehr der nordischen Völker noch so unbeschränkt geherrscht haben — der auswärtige Luxushandel konnte auch fernerhin nur mittels des Geldes bewerkstelligt werden.

Die Wanderungen dieser Zeit sind nicht groß und bedeutend — wenigstens für die Juden selbst nicht. Die Wanderungen bewegen sich in der Richtung vom Süden nach dem Norden Europas, dorthin, wo die Naturalwirtschaft mehr und mehr Platz greift, und wo einzelne Juden immer noch eine wirtschaftliche Betätigung als Händler fanden.

Drittes Kapitel.

Das Mittelalter.

1. Babylonien.

Im Zeitalter, das man gewöhnlich als das des früheren Mittelalters bezeichnet, hat sich das jüdische Volk in seiner Mehrheit in Babylonien aufgehalten. Es ist jedoch nicht unsere Aufgabe, die babylonische Geschichte der Juden hier vorzutragen. Für unsere Zwecke ist es nur wichtig, zu erwähnen, daß die Juden Babyloniens sich vollständig dem fremden Volksorganismus eingegliedert haben.

Die Ursachen dieser Erscheinung haben wir schon erörtert. Das Ausschlaggebende war, daß die Juden Baby-

loniens dort ein Land fanden, das sie ökonomisch okku-
pieren konnten [30], ohne sich der Gefahr ausgesetzt zu sehen,
später vertrieben zu werden. Denn die späteren Herrscher
kamen ins Land selbst als Fremde und hatten keinen Anlaß, die inzwischen stark vermehrte und recht wohlhabende
jüdische Bevölkerung zu vertreiben. Besonders gilt das
für die Araber, die am Anfang des 7. Jahrhunderts Babylonien eroberten. „Die arabischen Eroberungen brachten
nicht wie die Niederlassungen der Germanen auf dem Boden
römischer Provinzen eine Umwälzung in den Grundbesitz-
verhältnissen hervor. Landteilungen zwischen den Siegern
und Besiegten, wie im Occident, haben im Orient nicht stattgefunden" [31].

Die Juden Babyloniens bildeten ein starkes Gemeinwesen, das im inneren Leben frei und autonom organisiert
war; aber auch nach außen hin wollten die Juden einen
selbständigen Staat bilden, wovon viele Versuche der Exil-
fürsten, politische Unabhängigkeit wieder zu erlangen,
Zeugnis ablegen.

Es ist nun klar, daß bei solchen Zuständen die Auswanderung aus Babylonien nicht etwa die Folge einer ökonomischen Notlage der dortigen Juden sein konnte, sondern
nur einen zufälligen, sporadischen Charakter trug. Dabei
sehen wir natürlich von den Reisen der jüdischen Kaufleute ab, die zwar das Ihrige zur Verbreitung der Juden
beitrugen, aber keine regelrechte Auswanderung bildeten.
Die erste große Auswanderung der Juden aus Babylonien
scheint den Reibungen zwischen der jüdischen und persischen Geistlichkeit entsprungen zu sein. Unterstützt von den
persischen Königen, wollten die Magier die Juden zu ihrem
Glauben bekehren, — damit die Gelder, die der jüdischen
Geistlichkeit zuflossen, nunmehr der herrschenden Religion
zugute kämen. Der vorübergehende Erfolg der Perser
(Ende des 5. Jahrhunderts) hatte die Auswanderung eines
Teiles der Juden zur Folge.

Dabei nahm die Auswanderung zwei Richtungen an:
die eine südwärts nach Arabien und die andere ostwärts
nach Indien. In ersterem Lande fanden die Einwanderer
die schon früher dorthin aus Palästina ausgewanderten

Stammesgenossen vor und schlossen sich ihnen an; sie haben dort ein selbständiges politisches Gemeinwesen gebildet. Ebenso ging es den Einwanderern in Indien nicht schlecht; sie brachten gewiß viel bares Vermögen mit und konnten sich daher gute Wohnsitze und Unabhängigkeit in innerer Verwaltung erkaufen [32]. Ein Teil ging noch nach dem eigentlichen Persien.

Erst im 9. Jahrhundert verließ wieder eine kleine Zahl der Juden Babylonien. Diesmal waren es Anhänger einer neuen Sekte: Karäer. Sie gingen teils nach Egypten, teils nach Syrien und von dort aus nordwärts bis nach der Halbinsel Krim. Hier haben sie noch bis heute ihre eigenen Synagogen und sind als Staatsbürger mit der russischen Bevölkerung, im Gegensatz zu den übrigen Juden, vollständig gleichberechtigt.

Es ist wohl anzunehmen, daß die jüdische Auswanderung aus Babylonien sich im wesentlichen auf diese Fälle beschränkte. Besonders muß betont werden, daß das Aufblühen des jüdischen Lebens in Spanien und Portugal mit den Schicksalen der Juden in Babylonien herzlich wenig zu tun hat. Man darf sich in dieser Beziehung die jüdische Geschichte nicht als eine kontinuierliche denken, wie es gewöhnlich der Fall ist. Die jüdische Bevölkerung Spaniens hat sich nicht aus Einwanderern aus Babylonien gebildet, ebenso wie der Untergang der babylonischen Judenheit nicht unmittelbar vor dem Auftreten der spanischen Juden eintrat. Es sind zwei vollständig verschiedene Blätter der jüdischen Geschichte, die daher auch einzeln behandelt werden müssen.

Doch bezieht sich dies nur auf das politische und ökonomische Leben. Was jedoch die geistige Entwickelung des Judentums anbelangt, so besteht hier sicher ein Zusammenhang; denn hier wurde die Kontinuität durch Bücher (Talmud) und einzelne Persönlichkeiten aufrecht erhalten. Das geschah auch z. B. durch einen babylonischen Juden R'Mose b. Chanoch, der ganz zufällig nach Spanien kam. Auf einer Reise ins Ausland wurden vier junge Gelehrte, die die Teilnahme des Auslands für die babylonischen Lehrhäuser erwecken sollten, gefangen genommen. Einer von

diesen Vieren, der schon erwähnte R'Mose b. Chanoch,
wurde als Sklave nach Cordova geschleppt und von der
jüdischen Gemeinde ausgelöst. Er hat sich später infolge
seiner talmudischen Kenntnisse zum Oberhaupt des Lehr-
hauses emporgeschwungen [33].

Der Untergang Babyloniens führte nicht mit Notwendig-
keit die Auswanderung der Juden herbei. Denn hier füllten
sie keine Lücken im ökonomischen Leben des mit ihnen
zusammen wohnenden Volkes aus, sondern: sie bildeten
einen organischen Teil der einheimischen Bevölkerung und
beteiligten sich ebenso wie diese an der Urproduktion, wie
am Handwerk, Handel und Verkehr. Ihr Schicksal war
aufs unzertrennlichste mit dem Schicksal ihrer Heimat verbunden. Sie waren dort nicht Fremde, die jeden Augenblick auswandern konnten, sondern fest an die heimatliche
Scholle gebunden.

Der Untergang des Landes bedeutete mithin auch ihren
Untergang.

Es gehört jedoch nicht hierher, die Ursachen des wirtschaftlichen Rückganges des babylonischen Gebietes zu erörtern. Es kann nur kurz auf das Aufblühen der Stadt Bagdad hingewiesen werden, an deren Handel die Juden sich
übrigens relativ wenig beteiligt haben [34]. Durch die Kon-
zentrierung des ganzen wirtschaftlichen und geistigen
Lebens in Bagdad büßte der Norden Mesopotamiens an Bedeutung ein. Infolge der Verschiebung der Wege des Welthandels sank später auch die Bedeutung Bagdads. Die
mongolische Invasion endlich hat dem wirtschaftlichen
Leben vollends ein Ende gemacht. Aber dies alles geht uns
hier nichts an.

Zweierlei aber scheint uns mit Wahrscheinlichkeit aus
der Geschichte der babylonischen Juden hervorzugehen:

1. daß das jüdische Volk sich bis heute erhalten hat,
verdankt es wohl dem Umstande, daß es in keinem Lande
wieder so, wie in Babylonien, mit dem Boden und dem gesamten — geistigen und ökonomischen — Leben des Staates
verwachsen war; überall waren später die Juden die Fremden, die von der Urproduktion der Nation ausgeschlossen,
einen Fremdkörper im Lande bildeten; darum entrannen sie
stets dem Schicksal des Landes, in dem sie wohnten;

2. es gibt keine Kontinuität in der Geschichte der babylonischen und der spanisch-portugiesischen resp. europäischen Juden [35].

2. Die jüdischen Wanderungen im frühen und hohen Mittelalter bis zur Vertreibung aus Spanien und Portugal. (1492).

Es ist im Rahmen dieser Arbeit ganz unmöglich, all die Bewegungen der Juden im frühen und hohen Mittelalter zur Darstellung zu bringen. Es kann sich daher nur darum handeln, kurz die Tendenzen der Bewegungen zu erörtern.

Der Schauplatz, auf dem sich diese Bewegungen abspielten, war Europa, und zwar Europa nördlich der Alpen. Im Süden, d. h. in den nord- und mittelitalienischen Städten, die damals den Mittelpunkt des Welthandels bildeten und der jüdischen Händler nicht bedurften, finden wir eine sehr geringe jüdische Bevölkerung. Schon im Jahre 855 wurden die Juden aus dem Königreich vertrieben. Der italienische Kaufmannsstand ist am frühesten zu großer Macht und Blüte gelangt und beherrschte seinen Markt so vollständig, daß die Juden hier nichts mehr zu suchen hatten. Nur Venedig zählte (12. Jahrhundert) 1300 Seelen.

Die Hauptmasse der Juden hielt sich in Spanien und Portugal auf und hatte keinen Anlaß zu Wanderungen. Die Juden sind nach Spanien sicher noch zur Zeit der römischen Republik gekommen. Es waren zuerst Freie, die von der großen Fruchtbarkeit und dem Reichtum des Landes angezogen, sich dort niederließen. Später, infolge der Aufstände unter Vespasian, Titus und Hadrian, sind höchstwahrscheinlich auch jüdische Kriegsgefangene dorthin verpflanzt worden, die jedoch, wie fast überall, von den ansässigen Juden losgekauft wurden. Die Hauptbeschäftigung der Juden bildete Handel, Handwerk und Ackerbau. Zuerst war ihre Lage nicht schlecht und sie vertrugen sich mit der einheimischen Bevölkerung sehr gut. Später jedoch verschlechterte sich ihre Lage, infolge der Versuche der Westgoten, im Lande den Feudalismus einzuführen. Aber dies dauerte nicht lange, da im Jahre 711 die Araber — mit jüdischer Hilfe — Spanien eroberten. Diese Eroberung bedeutete den Anfang der Glanzperiode der jüdischen Ge-

schichte. Doch können wir auf diese hier nicht näher eingehen. Wir werden zu den spanisch-portugiesischen Juden
erst in dem Augenblicke zurückkehren, wo sie den Wanderstab ergriffen.

Syrien, Egypten und Kleinasien wiesen keine besondere
Bewegungen der Juden auf. Diese Länder standen damals
wirtschaftlich auf einer sehr hohen Stufe; die Juden, die
fast gleichmäßig in diesen Ländern zerstreut waren, beteiligten sich an Handel und Industrie, ohne von der einheimischen Bevölkerung als besondere Konkurrenten
empfunden zu werden. Nur einmal fand in dieser Epoche
eine verhältnismäßig bedeutende Auswanderung aus Byzanz
statt. Sie war eine Folge des Bekehrungseifers Leos des
Isauriers. Eine beträchtliche Zahl der Juden wanderte aus
Byzanz aus (723), und zwar nach der Krim; hier ließen sie
sich in den Küstenstädten des Schwarzen Meeres nieder,
wo sie den unzivilisierten Völkern des Landes den Handel
vermittelten. Von hier aus haben sie sich auch nach dem
Kaukasus verbreitet.

Von viel größerer Bedeutung sind die jüdischen Wanderungen in dieser Zeit im Norden und Osten Europas. Die
Richtungen und Wege dieser Wanderungen bestimmten sich
ausschließlich durch die Tätigkeit der Juden als Handels-
vermittler zwischen Nordeuropa und dem Orient (auch
Indien). Sonst aber repräsentierten die Juden fast den
ganzen damaligen Handel und wurden durch diese Tätigkeit zu Wanderungen gezwungen. Denn der Handel der
damaligen Zeit — auch der größte — war fast ausschließlich ein Hausierhandel. Man hatte noch keine richtigen
dauernden Handelsplätze, von denen man die gewünschten
Waren jeder Zeit beziehen konnte; vielmehr mußte der
jüdische Kaufmann die Abnehmer seiner Waren selbst aufsuchen: so zog er, gut ausgerüstet, mit seinen Waren umher.
Die hauptsächlichsten Handelsartikel waren damals diejenigen, die in Europa selten waren und das Leben auf verschiedene Weise angenehm machten: Zimmt, Pfeffer, Eben-
holz, Elfenbein, Edelsteine, Indigo, chinesische Seife,
Seidenwaren, Edelmetallwaren — alles Dinge, die nur im
Orient und in Indien zu haben waren.

Am deutlichsten treten uns diese Handelstätigkeit und

Handelswanderungen der Juden in der Zeit Karls des Großen entgegen. Karl d. Gr. war immer und eifrig bemüht, den Handel in seinem Reiche zu heben; jedoch verfügte die einheimische Bevölkerung nicht über genügendes Kapital und die entsprechenden Fähigkeiten. Darum bevorzugte Karl d. Gr. so sehr die Juden, die, in der damaligen Gesellschaft die Lücke des Kaufmannsstandes ausfüllend, einfach unentbehrlich waren. Die Handelstätigkeit der Juden veranlaßte fast überall im Reiche jüdische Niederlassungen; denn überall mußte der Kaufmann Freunde haben, die ihn aufnehmen konnten, ihm Auskunft erteilten u. dergl. mehr. „Der Welthandel, den Karl der Große angebahnt hatte, und den die Räte Ludwigs zur Blüte bringen wollten, war größtenteils in den Händen der Juden, weil sie leichter mit ihren Glaubensgenossen anderer Länder in Verbindung treten konnten, und sie weder durch die Fessel des Ritterdienstes und Wehrstandes, noch durch die Gebundenheit der Leibeigenschaft daran verhindert waren und gewissermaßen den Bürgerstand bildeten" . . . Es war „für die Juden ein goldenes Zeitalter, wie sie es in Europa weder vorher noch später bis in die neuere Zeit erlebt haben" [36].

Neben dem Handel mit den Schätzen des Orients führte der Sklavenhandel — der zweitgrößte Artikel der jüdischen Händler im Mittelalter — sie nach dem Osten Europas. „Im Frankenlande, wo nach dem Siege des Christentums die eigentliche Sklaverei verschwand und aus dem servus der serf wurde, der Leibeigene, der in der Regel nur mit seinem Landbesitz verkauft werden konnte, war wenig Gelegenheit zum Sklavenkauf. So waren denn die jüdischen Handelsleute genötigt, weit gegen Osten nach den Slavenländern zu reisen, wo sie auf Halbbarbaren stießen" [37]. Doch führten diese Reisen zu keinen großen und dauernden Niederlassungen der Juden im Osten. Denn abgesehen davon, daß der Charakter des Handelsartikels es nicht direkt erforderte, verfuhren schon damals die slavischen Herrscher nicht gerade menschenfreundlich und mild mit den Juden; außerdem waren sie selbst gute Kaufleute [38]. Nur in Polen, wo die Juden noch mit Salz und Pelz handelten, bildeten sie größere Gemeinden. Zwar gerieten sie später in eine erbitterte Konkurrenz mit den deutschen Kolonisten, die sie zum Teil zur Auswanderung nötigte, doch können diese ersten Niederlassungen als Keime der späteren großen jüdischen Gemeinden Polens gelten.

Das goldene Zeitalter des jüdischen Großhandels dauerte jedoch nicht lange. Mit den Kreuzzügen fängt seine Konkurrenz mit dem inzwischen herangereiften Kaufmannsstande an, und am Ende des 12. Jahrhunderts ist der jüdische Warenhandel fast vernichtet.

An Stelle des Warenhandels ist das Geld- und Wechselgeschäft getreten.

Das Aufblühen der Städte, wo sich die christlichen Handelsleute nunmehr meist in monopolistischen Kaufmannsgilden organisierten, hat den jüdischen Händler überflüssig gemacht. Er ist nicht mehr der einzige Besitzer der begehrten orientalischen Waren, sondern ein lästiger Konkurrent, den man je schneller desto besser sich vom Halse schaffen muß. Dazu kam noch die Konkurrenz der italienischen Kaufleute. Die Kreuzzüge haben Nord- und Südeuropa näher zu einander gebracht. Waren doch die Italiener damals die bedeutendsten Seefahrer, auf deren Schiffen die Kreuzfahrer übers Meer transportiert wurden; durch dieselben Kreuzfahrer hat sich ein regelrechter Verkehr zwischen Italien und seinem Hinterlande gebildet. Italiener fingen an, in Deutschland Handelsniederlassungen zu gründen, und verdrängten nach und nach den jüdischen Kaufmann.

Treffend sagt über diese Konkurrenz und die ihr entsprungenen Verfolgungen W i l h e l m R o s c h e r: „Jahrhunderte lang sind die Juden gleichsam die kaufmännischen Vormünder der neueren Völker gewesen, zum Nutzen der letzteren selbst und nicht ohne Anerkennung dieses Nutzens. Aber jede Vormundschaft wird lästig, wenn sie länger dauern will, als die Unreife des Mündels; und ganze Völker emanzipieren sich, wie die Menschen nun einmal zu sein pflegen, nur unter Kämpfen von der Bevormundung durch andere Völker. Die Judenverfolgungen unseres späteren Mittelalters sind zum großen Teil ein Produkt der Handelseifersucht. Sie hängen zusammen mit dem ersten Aufblühen des nationalen Handelsstandes." „Man könnte sagen, die Judenpolitik verhält sich im Mittelalter fast umgekehrt, wie die sonstige wirtschaftliche Kultur" [39].

Die Judenverfolgungen dieser Zeit haben einen guten Teil der damaligen Juden vernichtet, der übrig gebliebene Teil hat sich auf Geldgeschäfte und später Wucher verlegt. Dies war nicht nur ein Ausfluß der jüdischen Eigenart, die für Geldgeschäfte und alles, was damit zusammenhängt, besonders prädestiniert ist, sondern geschah vor allem deshalb, weil das Geldgeschäft der einzige Weg war, der dem jüdischen Kaufmann noch offen stand. „Die Tatsache ist begreiflich", sagt R o s c h e r [40]: „einerseits wird ein solcher Geldhandel regelmäßig noch später reif, als der Warenhandel, zumal auch, weil er der internationalen Verbindung noch mehr bedarf; sodann aber auch, weil alle hochentwickelten Handelsvölker, wenn sie im Warenhandel von jüngeren Rivalen überflügelt zu werden anfangen, sich mit ihren großen Kapitalien in den Geldhandel zurückzuziehen pflegen."

Die veränderten wirtschaftlichen Zustände haben ihrerseits auf die Richtungen der jüdischen Wanderungen mächtig eingewirkt. Die Juden gehörten um diese Zeit zu den größten Steuerzahlern, und man bemühte sich, sie innerhalb der Grenzen des eigenen Staates zu behalten — eine Politik, die freilich nur die Landesherren treiben konnten. Die Freiheit der jüdischen Wanderungen hörte mithin zum größten Teil auf, man fing an, die Juden an gewisse Orte zu fesseln, wo sie infolge des kanonischen Verbotes die einzigen waren, die Zinsdarlehen gewähren durften, und wo man sie nach einer gewissen Spanne Zeit auf verschiedene Weise ausbeutete.

Besonders interessant sind die Bewegungen der Juden in England. Hier betrieben sie hauptsächlich Geldgeschäfte. Da das Bedürfnis aber in allen Teilen des Landes ein ziemlich starkes war, so mußten die Juden überall vertreten sein: „denn um geringe Summen auf kurze Zeit zu entleihen, hätte den Geldnehmern eine weite Reise nicht gelohnt" [41]. Hier führte mithin das Geldgeschäft die Verbreitung der Juden über das ganze Land herbei, während in Deutschland, wo es eine Menge kleiner Herren gab, die alle das jüdische Geld nötig hatten, die Juden an bestimmte Orte — Sitze der Landesherren — gebunden blieben.

Es ist nun begreiflich, daß die Juden, im Bewußtsein, jeden Augenblick ihrer Schuldscheine oder auch des baren Geldes beraubt werden zu können, sich ganz ungeheuere Zinsen zahlen ließen. Jedoch waren nicht alle Juden im Stande, solch große und riskante Geschäfte zu führen, und sie wurden mithin — besonders dort, wo sie etwas zahlreicher waren — ärmer und ärmer, obwohl Einige zu ganz großem Reichtum gelangten. Wie reich die Juden z. B. in England waren, zeigt ein kleines Verzeichnis der jüdischen „Strafen", das S c h i p p e r [42] zusammengestellt hat: „1140 trieb König Stephan von den Juden Londons eine Geldstrafe von 2000 Pfund ein. — Derselbe König erpreßte bei einer anderen Gelegenheit von seinen Juden 300 „Exchange of money". — 1168 vertrieb Heinrich I. die reicheren Juden aus England. Sie blieben solange in der Verbannung, bis ihre Stammesgenossen 5000 Mark bezahlten. — 1187 nahm Heinrich II. den vierten Teil jüdischer Güter auf dem Wege der willkürlichen Geldauflage (tallagium) weg. — 1187 zog Heinrich II. die immensen Güter Aarons von Lincoln ein. Die Schätze Aarons führte einst der König auf einer Fahrt nach der Normandie mit sich. Dabei gingen einige Schiffe unter, auf welchen ein Teil der Schätze Aarons geladen war. — 1188 zahlen die Juden dem Könige Heinrich II. eine Kreuzzugsteuer von 60 000 Pfund. — 1194 bezog Richard Löwenherz von den Juden ein Tallagium von 2000 Mark. — 1200 ließ sich Johann ohne Land von den Juden 4000 Mark zahlen.

Geldstrafen und „Geschenke" einzelner Juden an den König: 1185 zahlte Iurnet Judaeus de Norvico dem König 2000 Mark. — Bald darauf verfiel er in eine neue „miseria" und wurde von derselben für 6000 Mark erlöst. — 1185 zahlte Brunus Judaeus eine Strafe von 3000 Mark. — 1189 verfiel Brunus in eine neue Strafe von 2000 Mark. — 1185 zahlte Benediktus Judaeus eine Geldbuße von 500 Pfund. — Der Jude Jurnet aus Norwich zahlte für die Erlaubnis, in England wohnen zu dürfen, 1800 Mark." Die schweren

Abgaben der Juden bildeten — den jährlichen Durchschnitt genommen — etwa den dreizehnten Teil des Einkommens der englischen Könige (60—70 Millionen Mark heutiger Währung). Dabei betrug die Zahl der englischen Juden nicht mehr als 15—16 000 Seelen, ja eben darum konnten sie so reich werden, während sie in Deutschland viel ärmer waren.

Schließlich wurden die Juden aus England vertrieben (1290). So ging es ihnen überall: zuerst geduldet und in ihrem Geschäfte sogar begünstigt, verbannte man sie, sobald sie ihre „Mission", die Fürsten zu bereichern, erfüllt hatten.

Nun gab es aber damals nicht viele Länder, wohin die Juden einwandern konnten. Denn der Osten Europas lag noch in allzu primitiven Zuständen, als daß er eine größere Masse von Juden hätte aufnehmen können, zumal die deutschen Kolonisten, die gerade in dieser Zeit sich in Polen festsetzten, eine heftige Agitation gegen die jüdische Einwanderung in Szene setzten, die auch zu gewalttätigen Judenverfolgungen führte [43]. Byzanz war von den Türken noch nicht erobert, und die Türkei kam somit als Einwanderungsland für die Juden noch nicht in Betracht. In Spanien fingen ebenso die Judenverfolgungen an. Somit aber bewegten sich die jüdischen Wanderungen des 13. und 14. Jahrhunderts — also am Ende des Mittelalters — in einem geschlossenen Kreis: als Händler unterlagen die Juden im Konkurrenzkampfe mit dem nationalen Kaufmannsstande und mußten das Feld räumen; ein Teil von ihnen verlegte sich auf Geldgeschäfte, der andere Teil wanderte dorthin, wo der Warenhandel noch frei war. Solche Länder waren: anfangs England, wohin vornehmlich die französischen Juden auswanderten; in ganz geringem Maße der Osten Europas, in den die deutschen Juden eindrangen.

Im großen und ganzen aber gehört diese Epoche zu den traurigsten Zeiten der jüdischen Geschichte.

Viertes Kapitel.

Allgemeiner Charakter der Periode.

Eine allgemeine Charakteristik der Wanderbewegungen dieser Periode läßt sich nicht geben. Die Wanderungen hatten keine bestimmte Richtung, denn ihre Ursachen waren sehr verschieden. Auch hatten wir mit verschiedenen Wirtschaftsbildungen zu tun, und da die jüdischen Wanderungen in erster Linie von der ökonomischen Entwickelung der Wirtsvölker abhingen, trugen sie in jedem einzelnen Falle einen besonderen Charakter, ja gerade in dieser Mannigfaltigkeit der Richtungen besteht das Gemeinsame und Bezeichnende der Periode.

Wir haben in der Einleitung schon erwähnt, was für eine große Bedeutung für die Lage der Einwanderer wie für den Verlauf der Wanderungen die wirtschaftliche Kultur des Einwanderungslandes hatte. In dieser Beziehung kann man die erste Periode in zwei Hälften einteilen.

Die erste Hälfte — zeitlich umfaßt sie den Zeitraum von der Fortführung nach Babylonien bis zum Beginn des Mittelalters für den Westen und bis zum Ende der Periode für den Osten—kann dahin charakterisiert werden, daß alle Wanderungen die Richtung aus den Ländern mit niedrigerer in die Länder mit höherer Kultur hatten — oder wenigstens war die Kultur des Einwanderungslandes nicht niedriger als die des Auswanderungslandes. Das letztere war besonders der Fall bei der Wanderung aus Palästina nach Babylonien. Zwar kann man das damalige Palästina nicht als ein rückständiges Land bezeichnen, doch hatte es seine Glanzzeit schon hinter sich, und was die Macht und den Umfang des Handels wie den allgemeinen Wohlstand anbetrifft, konnte es mit Babylonien nicht verglichen werden. „Von Nebukadnezar bis auf die Mongoleninvasion ist die Hauptstadt Babyloniens ganz oder nahezu die größte Handelsstadt der Welt" [44].

Die Wanderungen der hellenistischen Zeit trugen schon einen mehr ausgeprägten Charakter: es war eine

Flucht aus dem Lande, das seine ökonomische Bedeutung
nach und nach verlor und dem ökonomischen Untergange
zusteuerte, in die Länder, richtiger: Städte der höchsten
wirtschaftlichen und geistigen Kultur. Denn höchst modern
waren diese Städte: Alexandria, Antiochia, Rodos und wie
sie alle hießen. „Die neugegründeten Städte werden syste-
matisch angelegt und mit allem Komfort der Neuzeit ausgestattet und bilden mit ihrer dichten Bevölkerung von
Kaufleuten und Handeltreibenden das Zentrum für ein
großes Gebiet [45].

Die Konkurrenz zwischen den Juden und der einheimischen Bevölkerung — hauptsächlich Griechen, später
Römern — war hier schon bedeutend größer: denn auch
die letzteren waren ausschließlich auf den Handel angewiesen. Ja, die Konkurrenz wurde an einigen Orten für
die Juden verhängnisvoll: sie wurden hier ausgewiesen, dort
ausgeplündert und einfach niedergemetzelt (Alexandria).
Dies führte seinerseits zur weiteren Zerstreuung.

Mit dem Beginn des Mittelalters und der Einführung
der Naturalwirtschaft fängt für den Westen d i e z w e i t e
H ä l f t e der jüdischen Wanderungen mit einer der ersten
Hälfte entgegengesetzten Richtung an: aus den Orten der
höchsten wirtschaftlichen Kultur, wo die Juden dank ihrem
Handel große Vermögen erworben haben, wandern sie
weiter nach Norden, wo sich langsam, aber sicher die Naturalwirtschaft entwickelt und wo Geld selten wird. Hier
betrieben die Juden anfangs Luxus- und Warenhandel,
nachher Geldgeschäfte. Es ist die Zeit, als der Osten eine
selbständige wirtschaftliche Entwickelung nahm, während
der Westen unter römisch-byzantinischer Herrschaft ver-
blieb.

So haben sich die Juden im ausgehenden Altertum und
später mit dem Anbruch des Mittelalters nicht nur innerhalb einer wirtschaftlichen Kultur zerstreut, sondern schon
damals überall dort sich angesiedelt, wo nur das Wirtschaftsleben der Völker irgend welche Lücken aufwies.

Die Wanderungen des hohen Mittelalters bewegten sich
alle aus den Orten der höheren Kultur in die der niedrigeren. Doch war hier diese Tendenz noch nicht so stark

ausgeprägt. Meistens hat sich der Vorgang in der Weise
abgespielt, daß die Juden nur ihre wirtschaftliche Betätigung
wechselten (Warenhandel — Geldgeschäfte).

Diesem Charakter der Wanderungen entsprach die Bedeutung der Juden für die Einwanderungsländer. Während
sie im Süden Europas fast gar keine Rolle spielten und in
Kleinasien und Byzanz wohl entbehrlich waren, bedeuteten
sie für den Norden Europas sehr viel: zuerst und hauptsächlich als Warenhändler, nachher als Geldleiher.

Mit der ersten Periode hört die Mannigfaltigkeit der
Richtungen der jüdischen Bewegungen auf. Die nächsten
zwei Perioden haben schon einen einheitlicheren, stark ausgeprägten Charakter. Es konzentrieren sich auch größere
Massen jüdischer Wanderer an einigen Orten (Polen, Rußland, Amerika), während das Resultat der ersten Periode
die Zerstreuung der Juden auf der ganzen Erde gewesen
war.

Zweiter Abschnitt.

Zweite Periode: Wanderbewegungen der Juden seit der Vertreibung aus Spanien und Portugal bis zum Beginn der überseeischen Auswanderung.

Vorbemerkung.

Die zweite Periode, die einen Zeitraum von etwa 400 Jahren umfaßt, kann hier wiederum nicht mit der Ausführlichkeit behandelt werden, die sie eigentlich verdient. Es wäre eine Aufgabe für sich, all die Verzweigungen und Richtungen der jüdischen Wanderungen dieser Periode erschöpfend darzustellen. Hier aber, wo es sich nur um die großen Züge der jüdischen Wanderbewegungen handelt, muß darauf verzichtet werden.

In die zweite Periode fällt auch die Begründung der modernen Staaten, und die Binnenwanderungen innerhalb eines Staatsgebietes nehmen an Umfang und Bedeutung einen großen Raum ein (z. B. die Binnenwanderung der deutschen Juden von Osten nach Westen, die der russischen aus dem eigentlichen Rußland nach Polen usw.). Doch können diese Binnenwanderungen hier nicht einmal gestreift werden: denn ihre Beschreibung gehört schon der inneren Geschichte der Juden des betreffenden Staates an und nicht der Geschichte der gesamten jüdischen Wanderungen [46]. Darum sind auch die letzten zwei Jahrhunderte fast gar nicht in Erwägung gezogen worden. Somit aber hat die Schilderung dieser Periode hauptsächlich das Schicksal der spanisch-portugiesischen Auswanderer und die Konzentration größerer Massen der Juden in den östlichen Staaten zum Gegenstande.

Fünftes Kapitel.

Die Vertreibung der Juden aus Spanien und Portugal.

Wir haben schon gesehen, daß die Richtungen der jüdischen Wanderungen nicht etwa durch die innere Entwickelung des jüdischen Volkes, sondern in erster Linie durch die ökonomische Entwickelung der Wirtsvölker bestimmt wurden. Und nicht nur, daß das sozial-ökonomische Leben des Wirtsvolkes allein die Juden zur Auswanderung drängte, — das Wirtsvolk selbst griff manchmal mit Gewalt in die jüdischen Wanderungen ein, indem es die Juden aus seinem Lande vertrieb.

Ein solches gewalttätiges Eingreifen des Wirtsvolkes in das Schicksal des jüdischen Volkes ist die Vertreibung der Juden aus Spanien und Portugal gewesen. Um die Ursachen dieser Vertreibung uns klar zu machen, müssen wir uns die wirtschaftliche Lage Spaniens kurz vergegenwärtigen.

Die Vertreibung der Juden aus Spanien fällt in die Glanzzeit dieses Landes, in die Zeit, als es das mächtigste und am meisten gefürchtete Reich Europas war. Doch lagen im wirtschaftlichen Leben Spaniens schon damals die Keime des Verfalls, und die Vertreibung bildete eben das erste markante Zeichen der inneren Schwäche. Nicht die Vertreibung der Juden hat den Verfall Spaniens herbeigeführt, sondern umgekehrt war diese Vertreibung allerdings die erste Erscheinung des unvermeidlich kommenden Verfalls.

Spanien war ein Land, das sich in Kriegen aufrieb. Diese ewigen Kriege entsprangen dem Umstande, daß Spanien das einzige Land war, wo die Ungläubigen — die Mauren — noch frei lebten. Deshalb fühlte sich das spanische Volk verpflichtet, dem christlichen Glauben die endgültige Herrschaft in Europa zu verschaffen. Da aber nach den Kreuzzügen das Geld zum nervus belli geworden war, brauchten die spanischen Herrscher immer Geld.

Außerdem war Spanien — trotz seiner Cortes — ein streng monarchistisches Land, wo der Absolutismus seine höchste Blüte erreichte. Dieser Absolutismus, der sich zuerst mit Hilfe des Bürgertums den Adel untertan gemacht hatte, um nachher im Bunde mit dem Adel sich das Bürgertum zu unterwerfen, war auf Ausbeutung des Landes angewiesen. Die Verachtung der Arbeit — hauptsächlich der gewerblichen — hat sich in Spanien am längsten erhalten, nachdem alle anderen Völker diese Eigenschaft der mittelalterlichen Gesellschaft abgestreift hatten. Diese dem Mittelalter eigentümliche Verachtung der Arbeit hat Spanien zugrunde gerichtet. Man produzierte in Spanien sehr wenig; nur die Tuchmanufaktur blühte einige Zeit; aber gerade die letztere hat die spanische Landwirtschaft ruiniert: die Herden durchzogen das Land und verdrängten den Landbau. Zwar wurde Spanien wegen seiner Merinoschafe beneidet, — die Landwirtschaft aber geriet ganz in Verfall. Fast alle notwendigen Waren bezog Spanien aus dem Auslande, wobei diese Einfuhr durch die Ausfuhr keineswegs kompensiert wurde. Allerdings bekam Spanien bedeutende Werte aus den neuentdeckten Kolonien, aber gerade deswegen entwickelten sich die Produktivkräfte im Lande selbst sehr ungenügend. Keine Volkswirtschaft kann auf die Dauer auf der Ausbeutung fremder Länder beruhen, wenn nicht im Lande selbst genügend produziert wird. Spanien aber begann schon mit der Vertreibung der Juden, an deren Stelle nachher die Fugger und Genuesen getreten waren, auf fremde Kosten zu leben.

Diese Entwickelung hat sich allerdings erst später klar offenbart, die Anfänge aber waren schon früher da. Schon D. Fernando von Portugal (1367—1383) — die Schicksale und die Entwickelung beider Länder waren im großen und ganzen die gleichen — nahm infolge der Geldnot durch Einführung neuer Münzen und vermittels Reduzierung der alten Münzsorten eine Geldoperation vor, die allerdings mißlang und das Volk erbitterte [47].

Die Juden Spaniens und Portugals betrieben hauptsächlich Geldgeschäfte. Mochten sie früher auch Großgrundbesitzer gewesen sein — zur Zeit der Vertreibung beschäftigte sich die Mehrzahl von ihnen mit Geldleihen und Geldwechseln. „Although the Spanish Jews engaged in many branches of human endeavor — agriculture, viticulture, industry, commerce and the various handicrafts — it was the money business that procured them their wealth and influence. Kings and prelates, noblemen and farmers, all needed money, and could obtain it only from the Jews, to whom they paid from 20 to 25 per cent interest" [48].

Die Juden waren vielleicht die ersten, welche die Lage des Landes richtig erkannten. D. David Ibn Jachia-Negro riet vor seinem Tode seinen Söhnen dringend, ihr Vermögen nicht in Liegenschaften anzulegen [49] — nicht darum, weil er die künftige Vertreibung ahnen konnte, sondern vor allem wohl deshalb, weil er den unvermeidlichen Ruin der Landwirtschaft voraussah. Durch ihre Geldgeschäfte gelangten die Juden in Spanien und Portugal zu großem Reichtum, „ihr größtes, vielleicht ihr einziges Verbrechen war ihr Reichtum" [50]. Die Konfiskation der Gelder dieser Juden war das Nächstliegende, was die spanischen Herrscher unternehmen konnten. Wenn später Philipp II. einfach private Geldsendungen konfiszierte, so hat Ferdinando durch die Vertreibung der Juden ihr ganzes Vermögen beschlagnahmt, allerdings soweit er dessen habhaft werden konnte. Treffend sagt K a y s e r l i n g: „Die Verfolgung — (und die Vertreibung) — der Juden und Marranen und aller derer, welche mit ihnen in freundlichem Verkehr standen: das war die große staatsmännisch-kirchliche Finanzidee, welche realisiert werden sollte" [51].

Am 31. März 1492 erließen Ferdinando und Isabella den Befehl, daß sämtliche Juden Spaniens innerhalb vier Monaten aus allen Gebietsteilen Castiliens, Aragoniens, Siziliens und Sardiniens bei Todesstrafe auswandern sollten. Dabei durften sie nur ihr Hab und Gut mitnehmen, nicht aber Gold, Silber, Münzen und Waren, die dem Ausfuhrverbot unterlagen.

Die Zahl der Ausgewiesenen geben verschiedene Autoren verschieden an. Die Angaben schwanken zwischen 800 000 und 190 000 [52]. Eine genauere Bestimmung läßt

sich darnach nicht geben. Wohl läßt sich aber vermuten,
daß die Zahl der Ausgewanderten etwa 300 000 gewesen ist.

Die Ausgewiesenen verließen nicht sogleich die Halbinsel; ein großer Teil von ihnen ging zuerst nach Portugal
und gab dadurch dem portugiesischen König Gelegenheit,
ein gutes Geschäft zu machen. „Wie immer, wurden die
Reichen besonders berücksichtigt. Sechshundert derselben
ersten Ranges erhielten die Erlaubnis zu dauernder An-
siedlung; dafür mußte jeder von ihnen hundert Gold-Crusa-
dos Einzugsgeld zahlen, was die erkleckliche Summe von
60 000 Crusados (etwa 200 000 Mark) ergab, viel für
die damalige Zeit, als das Geld — vor Ausbeutung
der amerikanischen Goldquellen — noch einen hohen Wert
hatte. Auch Handwerker, besonders Metallarbeiter und
Waffenschmiede, sollten vier Crusados Einzugsgeld leisten.
Die große Menge aber sollte nur acht Monate im Lande
bleiben und dafür acht Crusados erlegen" [53]. Dabei ist es
interessant, daß die einheimischen Juden Portugals sich
sehr gegen den Einzug ihrer Stammesgenossen aus Spanien
wehrten [54]; sie sahen sehr wohl ein, daß die Vermehrung
der jüdischen Bevölkerung nur die Konkurrenz zwischen
ihnen verstärken und damit neben ihrer Bedeutung auch
ihre Widerstandskraft vermindern würde.

Die spanisch-portugiesischen Verbannten haben nicht
alle die Richtung in ein bestimmtes Land eingeschlagen,
sondern nahmen verschiedene Wege, entsprechend ihrer
sozialen Gruppierung und der wirtschaftlichen Kultur der
damaligen Welt. Von den Ausgewanderten nahmen auf [55]:

Algerien	10 000
Amerika	5 000
Egypten	2 000
Frankreich u. Italien	12 000
Holland	25 000
Marokko	20 000
Europäische Türkei	90 000
andere Länder . .	1 000

Sechstes Kapitel.

Die Wanderungen nach der Türkei, Afrika und Italien.

1. Die Türkei.

Der größte Teil der Juden hat sich bekanntlich nach der Türkei gewendet. Die Ursachen dieser Erscheinung muß man vor allem in der sozialen Struktur des neuen türkischen Reiches suchen.

Wir haben schon früher erwähnt, daß es der Osten war, wo die Geldwirtschaft und die höchst entwickelte Industrie nebst regem Handelsverkehr während des ganzen Mittelalters fortdauerten. Byzanz war damals eine der größten Handelsstädte der Welt. Diese Stellung und Bedeutung der Stadt wollten die Begründer des neuen türkischen Reiches ihrer Residenz auch fernerhin erhalten: denn die ersten Sultane waren kluge und einsichtige Herrscher, die wohl verstanden, worin die wirkliche Macht und Bedeutung einer Stadt liegt. Mit der Eroberung Konstantinopels verschwand aber auch die Klasse der Kapitalisten und der Händler: die Grundlage des Verkehrs; denn militärische Rücksichten machten es notwendig, die den Eroberern feindlich gesinnte einheimische Bevölkerung von allen wichtigen Geschäften fernzuhalten. Den Türken selbst aber fehlten die notwendigen Kenntnisse, Praxis und vor allem Kapitalien, die für die Weiterführung des Handels und der Industrie unentbehrlich waren [56].

Mithin bestand — wir würden heute sagen: die Wirtschaftspolitik der neuen türkischen Herrscher darin, eine zuverlässige, reiche, tüchtige und mit besten Kenntnissen ausgestattete Klasse von Industriellen und Kaufleuten zu schaffen. Dafür waren nun die Juden, die in dieser Zeit in Deutschland und Frankreich den schlimmsten Verfolgungen ausgesetzt waren, am besten geeignet. Das hatte schon der Sultan Mohammed der Eroberer gut verstanden. Darum hatte er die Juden von fast allen Abgaben befreit. Sie brauchten in der Türkei weder den guldenen Pfennig noch Krongelder zu bezahlen. Die Sicherheit und die Freizügigkeit im ganzen Lande nebst der Freiheit in der Auswahl der Berufe wurden auch garantiert. So konnte noch vor der Vertreibung aus Spanien und Portugal ein in die Türkei eingewanderter Jude, Isaak Zarfati, an seine Stammesgenossen von Schwaben, der Rheingegend, Steiermark, Mähren und Ungarn u. a. folgendes schreiben: „Ich, Isaak Zarfati, der ich aus Frankreich stamme, in Deutschland geboren bin und dort zu den Füßen von Lehrern gesessen, rufe euch zu: daß die Türkei ein Land ist, in dem nichts fehlt" [57].

Es ist nun klar, daß den aus Spanien und Portugal vertriebenen Juden die Türkei als das beste Einwanderungsland erschien. Hier konnten sie ihre Kapitalien aufs Neue gut anlegen, sich wieder mit ihren Kenntnissen zu angesehenen Stellungen im Staate emporheben und in der neuen Heimat wieder die Bedeutung erlangen, die sie in der alten besessen hatten. Die Kenntnis der spanischen Sprache ermöglichte es ferner, daß die Juden sehr oft für diplomatische Dienste verwendet wurden.

Der ganze Großhandel der Türkei befand sich bald in den Händen der Juden, zumal sie sich dort vollständig ohne fremde Konkurrenz betätigen konnten, während die christliche Bevölkerung zu ihren Gunsten unterdrückt wurde. Ebenso wie am Ausgang des Altertums, trug auch jetzt die Zerstreuung der Juden und ihre Beherrschung einer für den Handel so wichtigen, der spanischen Sprache, das ihrige zur Blüte des jüdisch-türkischen Handels bei. „In den Städten Salonichi, Konstantinopel, Alexandria, Kairo, in Venedig und anderen Handelsplätzen machen die Juden nur in spanischer Sprache Geschäfte. Ich kannte Juden aus Salonichi, welche, obwohl sie noch jung waren, das Castilianische ebenso gut und noch besser als ich aussprachen" [58], urteilte ein christlicher Schriftsteller ein halbes Jahrhundert nach der Vertreibung der Juden aus Spanien und Portugal.

Jedoch wäre es verkehrt, die ganze Einwanderung nach der Türkei als die der Kaufleute, Industriellen und Diplomaten zu bezeichnen. Ebenso wie in Spanien ein allerdings nicht allzu großer Teil der jüdischen Bevölkerung sich im

Handwerk beschäftigte, wanderten auch jüdische Handwerker nach der Türkei ein; denn auch der letzteren bedurfte das Land. Besonders brauchte man Leute, die gute Kriegswaffen herstellen konnten. So waren es hauptsächlich Marranen, die den Türken „neue Rüstungen und Feuerwaffen verfertigten, Kanonen gossen und Pulver fabrizierten"[59]. Allerdings waren diese Handwerker keine armen und besitzlosen. Schon der Gegenstand ihrer Arbeit setzte eine gewisse Bildung und Vermögen voraus; es war die Elite der jüdischen Handwerker, die damals nach der Türkei einwanderte.

Immer besser gestaltete sich die Lage der Juden in der Türkei, ja sie konnten sogar einen Joseph, Herzog von Naxos, bezeichnen, der als selbständiger Herrscher über die cykladischen Inseln Anidros, Paros, Antiparos, Melo, im ganzen zwölf, waltete und eine der einflußreichsten Persönlichkeiten des türkischen Reiches gewesen ist. Die Juden prosperierten in ihrer neuen Heimat und hatten auch fernerhin keinen Anlaß, sich über ihre Lage zu beklagen. Dabei hörte die Einwanderung aus anderen europäischen Staaten nicht auf; besonders stark war sie nach der Vertreibung der Juden aus verschiedenen deutschen Städten in der zweiten Hälfte des 15. Jahrhunderts, ebenso wie nach der Vertreibung der Juden aus dem Kirchenstaat (Ende des 16. Jahrhunderts).

Die rechtliche, aber auch zum großen Teil die ökonomische Lage der Juden in der Türkei ist noch bis heute die beste in der ganzen Welt[60].

2. Afrika.

Nicht so günstig gestaltete sich die Lage der Juden in Afrika. Daß hierhin jedoch ein relativ großer Teil der spanischen Juden auswanderte, ist wohl dadurch zu erklären, daß von Spanien nach Afrika am leichtesten und billigsten zu gelangen war; außerdem gab es dort schon von jeher einige jüdische Gemeinden, welche die Eingewanderten anzogen. Die angesessenen Juden Afrikas vermittelten den ganzen Handelsverkehr zwischen Mauren und Portugiesen bez. Spaniern; ihre Lage war nicht schlecht, sodaß die Eingewanderten bei ihnen eine sichere Unterkunft fanden (in Safi und Azamor) [61].

Weniger günstig lagen die Verhältnisse in Marokko und Fez, wohin die Juden in größerer Zahl einwanderten. Große Vermögen hatten diese Einwanderer nicht; es war eine Einwanderung der Ärmsten, die in der alten Heimat vielleicht noch reich gewesen waren, die aber meistens vollständig ausgeplündert das Land verließen. Dadurch wurde auch ihre Beschäftigung in den Einwanderungsländern bestimmt; sie ernährten sich vornehmlich mit dem Handwerk. Sie hatten daher mehr mit der niederen Bevölkerung zu tun, wobei die Konkurrenz zwischen ihnen und den Einheimischen manchmal in brutale Verfolgungen ausartete [62].

Weit haben es diese jüdischen Einwanderer nicht gebracht. Die noch bis heute recht traurige Lage der Juden in Marokko und Tunesien legt davon das Zeugnis ab [63].

Nur in Egypten, wohin allerdings nicht so viel Juden einwanderten, erwartete sie ein besseres Schicksal. Dies stand jedoch im Zusammenhang mit der jüdischen Einwanderung nach der Türkei: für die dortigen jüdischen Kaufleute war es wichtig und notwendig, in Egypten sozusagen eine eigene Handelsvertretung durch eine Anzahl ihrer Stammesgenossen zu unterhalten. Darum beschäftigten sich die egyptischen Einwanderer hauptsächlich mit Handel. Die Eroberung Egyptens durch den türkischen Sultan Selim I. (Anfang des 16. Jahrhunderts) hat ihre Lage noch verbessert und die weitere Einwanderung erleichtert.

3. Italien.

Italien bildete ein Durchgangsland für die spanisch-portugiesischen Wanderer. Zu dauernden großen Niederlassungen haben sie es jedoch nicht gebracht, obwohl Italien von Juden unmittelbar nach der Vertreibung und auch später „förmlich wimmelte". Die Ursache dieser Erscheinung lag im besonderen wirtschaftlichen Zustand Italiens.

Italien stand damals an der Schwelle seines wirtschaftlichen ,Unterganges, was die italienischen Kaufleute ebenso
wie die damaligen Päpste sehr wohl einsahen. Darum erwartete man viel von dem Einzug reicher spanischer Juden,
trotzdem man in ihnen auch gefährliche Konkurrenten sah.
Die Politik der italienischen Städte gegenüber den jüdischen
Einwanderern war mithin voller Widersprüche. „Im Rathe
. . . der venetianischen Republik herrschten in Betreff der
Juden zwei entgegengesetzte Ansichten. Einerseits mochte
der Handelsstaat die von den Juden zu erwartenden Vorteile nicht entbehren und überhaupt nicht mit ihnen an-
binden, um es nicht mit deren Glaubensgenossen in der
Türkei (den levantinischen Juden) zu verderben. Ander-
seits empfanden die venetianischen Handelshäuser Brod-
neid gegen die jüdische Kaufmannschaft . . . Darum wurden
die Juden . . . bald gehegt, bald gedrückt" [64].

Von solchen Schwankungen in der Behandlung der
Juden war die ganze Politik aller italienischen Städte erfüllt. Nur die Päpste scheinen konsequenter gewesen zu
sein: ihnen war es hauptsächlich darum zu tun, Menschen
zu erhalten, die man immer und leicht anpumpen konnte.
Der Papst Alexander VI. wollte unbedingt jüdische Auswanderer haben; hier waren es aber römische Juden selbst,
die dieser Zulassung entgegenarbeiteten; sie schossen dem
Papst 1000 Ducaten vor mit der Bitte, den spanischen Juden
keine Aufnahme zu gewähren. Doch war Alexander VI. zu
klug, dieser Bitte zu willfahren; allerdings hat er später
befohlen, daß alle Juden Rom verließen, — aber nur um
Gelegenheit zu haben, weitere 2000 Ducaten zu fordern und
dann seinen Befehl rückgängig zu machen.

Die später aus Spanien nach Italien eingewanderten
Neuchristen (Marranen) haben an einigen Plätzen einen
sehr regen Handelsverkehr entwickelt; doch konnten sie das
niedergehende Italien nicht retten. Es ist doch interessant,
daß die Begabung der Juden, überall wohin sie kommen,
Kapitalismus zu begründen, auf dem italienischen Boden
vollständig versagte; hier waren sie nicht einmal im Stande,
den alten Kapitalismus zu erhalten.

Die nachfolgenden Verfolgungen der Juden in Italien

— die immer ein Zeichen der wirtschaftlichen Schwäche des betreffenden Landes gewesen sind, [65] — führten einen Teil der Juden zur Taufe, ein anderer wanderte teils nach der Türkei, teils nach Nordeuropa aus. Damit hat Italien aufgehört, in der Geschichte der jüdischen Wanderungen eine Rolle zu spielen. Weder Ein- noch Auswanderungen fanden in den nächsten Jahrhunderten statt.

Siebentes Kapitel.

Die Wanderungen nach Nordeuropa und Amerika.

1. Nordeuropa.

Mit den besprochenen Wanderungen, abgesehen noch von einigen Ländern, die wegen der kleinen Zahl der Eingewanderten hier nicht behandelt werden können, endigte der große Strom der aus Spanien und Portugal Verbannten, die unmittelbar nach der Vertreibung den Wanderstab ergriffen. Es verging ein ganzes Jahrhundert, bevor die Juden, die in Portugal zurückgeblieben und als Scheinchristen trotz all der Verfolgungen nicht gerade ein armseliges Dasein führten [66], sich nach Nordeuropa, — zuerst nach Belgien, dann nach Holland und England — wandten.

Es ist in vielen Beziehungen wichtig, festzustellen, daß die Einwanderung der Juden in Nordeuropa in später Zeit erfolgte: zunächst deshalb, weil damit der unmittelbare Zusammenhang zwischen den Wanderungen des jüdischen Volkes (wenn wir größere Massen und nicht einzelne Juden in Betracht ziehen) und dem wirtschaftlichen Aufblühen der nordeuropäischen Länder verschwindet, sodann aber — und das läßt sich schon aus dem Vorhergehenden schließen, — erscheinen die Juden nunmehr nicht als Begründer des Kapitalismus in Holland und England, sondern nur als später Eingewanderte, die sich an den Unternehmungen der neu entstandenen mächtigen Handelsstaaten beteiligen wollten. Ebenso wie die klugen und reichen Venezianer nach dem Sinken ihrer Heimatsstadt sich an dem Handel Hollands zu beteiligen anfingen, wie schon heute die Engländer ihre Kapitalien auch in Amerika anlegen, gingen die reichen

Scheinchristen Portugals nach Holland, Hamburg und England. Freilich: mit ihren Kapitalien, Kenntnissen und ihrer
hervorragenden Begabung haben sie dort eine Tätigkeit entwickelt, die das kapitalistische Fortkommen dieser Länder
ungemein gefördert hat. Jedoch geht uns hier diese innere
Geschichte der holländischen und englischen Juden nichts
an, zumal sie so glänzend in S o m b a r t s Buch zur Darstellung gebracht worden ist.

Die ersten Niederlassungen der portugiesischen Juden
in Amsterdam fallen ins Ende des 16. und in den Anfang des
17. Jahrhunderts; sie haben dort höchstwahrscheinlich nur
einige deutsche Juden vorgefunden, die sich durch nichts
auszeichneten. Die nachfolgenden Einwanderungen wurden
von den Holländern und später von den Engländern selbst sehr
gefördert. Ja die aufgeklärten Monarchen der damaligen
Zeit, die die Hauptgrundlage für die Macht und das Ansehen ihrer Reiche in dem aufstrebenden Bürgertum sahen
und den mittelalterlichen Feudalismus nach und nach verließen, luden die Juden direkt ein. So der König Christian IV. von Dänemark, der die Juden aufforderte (1622),
sich in seinen Städten und besonders in Glückstadt niederzulassen. Treffend sagt darüber W i l h e l m R o s c h e r:
„Übrigens hat das nationale Bürgertum der neueren Völker
sein mittelalterliches Unrecht gegen die Juden auf der
höchsten Kulturstufe reichlich wieder gut zu machen ge-
sucht. Wie schon die jetzt üblichen Ausdrücke: „Civili-
sation" für höhere Bildung überhaupt und „Bürgerrecht"
für voll berechtigte Staatsgenossenschaft andeuten, so geht
das Streben dieser Klasse nach Herrschaft im Staate regelmäßig Hand in Hand mit dem anderen Streben, wenigstens
alle wohlhabenden und gebildeten Bewohner des Staatsgebietes in sich aufzunehmen" [67]. Dies galt besonders für
Holland. Das Bürgertum dieses Landes hat Reichtum, Bedeutung und Ansehen nicht nur durch Handel und Gewerbe
erlangt, sondern auch — und nicht in letzter Linie — durch
eine freie und moderne Verwaltung, die dort am frühesten
zur Vollendung gebracht worden ist. Es ist nur natürlich,
daß die junge Republik auch der jüdischen Einwanderung
keine großen Schwierigkeiten bereitete.

Jedoch war die Zahl der Eingewanderten nicht groß. In der Mitte des 17. Jahrhunderts wohnten in Amsterdam 400 Familien. Viel mehr gab es auch später dort nicht, zumal die Neueingewanderten nicht unmittelbar den schon Ansässigen zur Last fielen: England und Amerika haben damals eine Anzahl portugiesischer Juden aufgenommen. Aber auch in Hamburg bildete sich eine kleine Kolonie der Amsterdamer Gemeinde. Sie bestand am Anfang des 17. Jahrhunderts aus 125 erwachsenen Personen, 26 Ehepaaren und 73 Unverheirateten und Alten (Kinder und Frauen nicht mitgerechnet), darunter 10 Kapitalisten, 2 Ärzte und 3 Handwerker [68]. Daraus erkennt man schon den Charakter der Einwanderung. Später hat sich die Gemeinde vergrößert; die Hauptbeschäftigung bildete der Großhandel, richtiger: der internationale Handel großen Stils nebst dem Wechselgeschäft; aber auch an der Gründung der Hamburger Bank haben sich mindestens zwölf jüdische Kapitalisten beteiligt.

Wenn diese Einwanderung doch noch einen spontanen Charakter trug, indem die Juden aus freien Stücken in diese Länder einwanderten und dort nach und nach die Gleichberechtigung erlangten, trug die Niederlassung der Juden in England schon mehr den Charakter einer staatlichen Aktion: Cromwell hat die Aufnahme der Juden durchgesetzt aus wohl verstandenen Handelsinteressen des Landes. Die Bedingungen der Einwanderung wurden ganz genau bestimmt; die Juden vertrat dabei der reiche und kluge Manasse ben Israel. Es war einfach ein Akt weitsichtiger Wirtschaftspolitik, wenn Cromwell, dem es hauptsächlich um Begründung der Handelsmacht Englands zu tun war, die Juden ins Land rief. Ebenso wie in Holland war auch hier die Zahl der eingewanderten Juden nicht groß; und auch noch Jahrhunderte hindurch kam England nur für jüdische Kapitalisten — im weitesten Sinne des Wortes — als Einwanderungsland in Betracht.

Die Einwanderung der Juden in die Länder Nordeuropas hat erst stattgefunden, nachdem deren Entwickelung schon ziemlich vorgeschritten war [69] und die Juden dort einen Spielraum für sich fanden. Es mußten zuerst

wenigstens die Voraussetzungen für die kapitalistische Entwickelung da sein, und erst nachher wanderten die geldbesitzenden Juden ein. Am besten können dieser Prozeß und
die damit zusammenhängenden Wanderungen mit folgenden
Worten O p p e n h e i m e r s charakterisiert werden: „Nicht
dort blüht der Kapitalismus auf, wohin die Juden kommen,
sondern die Juden kommen dorthin, wo der Kapitalismus
aufblüht" [70].

2. A m e r i k a.

Über die erste Einwanderung der Juden nach Amerika
können wir uns ganz kurz fassen. Auch hier kommen hauptsächlich portugiesische und holländische Scheinchristen in
Betracht; es waren wiederum nur ganz Reiche, die hinüber-
wanderten und sich an der Begründung der Kolonialwirt-
schaft hervorragend beteiligten [71]. Das neuentdeckte Land
bot so viele Möglichkeiten, sich wirtschaftlich zu betätigen,
daß es dort, die Zahl der eingewanderten Juden mochte
noch so groß sein, einstweilen keine „jüdische Frage"
gab: die Eingewanderten haben sich fast vollständig mit der
übrigen Bevölkerung wirtschaftlich und kulturell assi-
miliert. Es lohnt sich wirklich, dies besonders zu betonen:
daß es letzten Endes von der ökonomischen Struktur des
Einwanderungslandes abhängt, ob die Juden eine mehr oder
weniger abgeschlossene Gemeinde im Staate bilden, oder
sich mit der übrigen Bevölkerung vermischen. Das Beispiel
Amerikas ist in dieser Beziehung besonders lehrreich. In
dem neuentdeckten Lande, in den aufblühenden Kolonien
gab es eigentlich noch keinen wirtschaftlichen Volksorganismus, und die ganze Volkswirtschaft war noch im Werden,
ja noch nicht einmal begründet. So konnten die dorthin eingewanderten Juden nicht nur am Aufbau der
Wirtschaft mitarbeiten (sie haben nach S o m b a r t die
ganze koloniale Wirtschaft sogar begründet), sondern sie
konnten mit den neuentstehenden Wirtschaftsgebilden so
organisch verwachsen, daß sie nicht mehr als „Juden", als
„Fremde", sondern nur als echte „amerikanische Bürger"
betrachtet werden mußten. Daß die Juden dabei ihre spezifisch jüdischen Eigenschaften noch eine Zeit hindurch be-

wahren konnten, soll natürlich hiermit nicht geleugnet werden; sie haben nur keine „jüdische Frage" hervorgerufen. Ebenso haben die späteren Einwanderungen der deutschen Juden im Lande der unbegrenzten Möglichkeiten keinen Anlaß zur Entstehung einer jüdischen Frage gegeben; es ist ihnen ausgezeichnet gelungen, sich dem fremden Volksorganismus einzugliedern.

Erst im letzten Viertel des 19. Jahrhunderts, nachdem sich größere Massen des jüdischen Volkes Amerika zum Ziel ihrer Wanderungen erkoren hatten, entstand dort die folgenschwere jüdische Frage. Doch gehören diese Wanderungen schon der dritten Periode an.

A c h t e s   K a p i t e l.

Die Konzentration der Juden in Polen und Russland.

Wir haben bereits gesehen, daß der Sklavenhandel die Juden schon im frühen Mittelalter nach Polen geführt hat; einige von ihnen ließen sich dort nieder und bemächtigten sich der Salzproduktion, die damals eine große Bedeutung hatte. Die Verfolgungen in Böhmen und Ungarn veranlaßten weitere Einwanderungen der Juden nach Polen, wo sie sich über das ganze große Königreich verbreiteten, den Handel pflegten, sich mit dem Ackerbau beschäftigten und auch Handwerke betrieben; jedoch bestanden diese Einwanderungen einstweilen nur aus Nachbarwanderungen; die Zahl der polnischen Juden war noch nicht groß, und ein Asyl für die Juden Westeuropas wurde Polen erst später, als auch hauptsächlich bei den deutschen Juden das Bedürfnis nach Übersiedlung stärker wurde.

Nach der Vertreibung der Juden aus England (1290), mehreren Vertreibungen und Verfolgungen in Frankreich und Ausweisungen aus vielen deutschen Städten blieb in Westeuropa für größere Massen der Juden nicht mehr viel Gelegenheit und Möglichkeit, sich wirtschaftlich zu betätigen. Der Warenhandel war stark reduziert, der Geldhandel beschäftigte nicht viele. Die Vertreibung aus Spanien und Portugal hat das ihrige dazu beigetragen, die Auswanderung zu beschleunigen, indem die reichen spanisch-portugiesischen Juden ihren Stammesgenossen überall eine unangenehme Konkurrenz zu machen anfingen. Deshalb konzentrierten sich nunmehr größere Massen der Juden in Polen. Dies Land war noch das letzte in Europa, das den Juden ein größeres wirtschaftliches Betätigungsfeld bot.

Die Gründe dafür waren sehr mannigfaltig. Zuerst kommt natürlich in Betracht, daß den damaligen Gesetzen zufolge den polnischen Edelleuten die Beschäftigung mit Handel und Gewerbe bei Verlust aller ihrer Rechte und Privilegien verboten war. Die Edelleute „bedienten sich daher der Vermittlung der Juden. Diese hatten beinahe die ganze Industrie unter ihren Händen, wodurch sie große Reichtümer erwarben" [72]. Die Juden fanden in Polen das beste Betätigungsfeld; sie haben dorthin die großen Kapitalien gebracht, deren das Land so sehr bedurfte. Die großen natürlichen Reichtümer Polens konnten erst mit Hilfe des jüdischen Kapitals ausgenutzt werden. Auch ist es nicht unwahrscheinlich, daß Polen erst dank der jüdischen Immigration „aus der Phase reiner Naturalwirtschaft in die der Tausch- und Geldwirtschaft hinübergeführt wurde. Die zwei Faktoren, die für diese Transformation im polnischen Volke selbst fehlten, namentlich eine spezielle Handelsklasse und Kapitalien, die für eine Massenproduktion unentbehrlich sind, waren in der Einwanderung der jüdischen Händler und Geldborger gegeben, und das immobile, tote polnische Eigentum fing an, auf solche Weise sich in mobiles, lebendiges zu verwandeln. Die beiden Artikel, an denen Polen so ungeheuer reich ist, nämlich Holz und Getreide, beherrschten von da an die europäischen Märkte; das Holz fand besonders Eingang in England, wo es zur Herstellung von Waffen verwendet wurde, das Getreide in Schlesien" [73].

Aber neben, wir würden heute sagen: Industriellen und Großkaufleuten, brauchte Polen auch noch reiche Geldleiher, die sich ausschließlich mit dem Geldhandel befaßten. Dies Bedürfnis war in den politischen Zuständen Polens begründet. Polen war ein Land, in dem das absolute Königtum sich nie auf die Dauer behaupten konnte; jedes Herrschers Macht und Autorität hing letzten Endes von der

Gnade der selbständigen und stolzen Großgrundbesitzer ab, die den jeweiligen König auf den polnischen Thron brachten. Diese Edelleute, die auf ihren Ländereien viel selbständiger und in ihrer Macht unbeschränkter als der König selbst waren, bestimmten in erster Linie die Schicksale Polens. M i c k i e w i c z gibt eine interessante Schilderung des Hofes eines polnischen Königs: „Der Hof des polnischen Königs, einer der glänzendsten seiner Zeit, gewährte einen merkwürdigen Anblick. Die selbständigen Fürsten Preußens und Kurlands huldigten ihm kniefällig auf dem Markte zu Cracau. Die Wojewoden der Moldau und Walachei fielen vor der Majestät aufs Antlitz, und nebenbei geruhten die polnischen Herren und Edelleute kaum die Mütze vor ihrem Monarchen zu ziehen" [74]. Später, als die Geldwirtschaft in Polen sich mehr und mehr verbreitete und die Wahl des Königs nicht ohne große Summen sich bewerkstelligen ließ, kamen die geldbesitzenden Juden den Edelleuten sehr zu statten, ja nunmehr hing die Frage, wer die Krone Polens tragen sollte, auch von den Juden ab. Dieselbe Rolle, welche die Fugger bei der Wahl Karls V. gespielt hatten, besaßen auch, allerdings nicht in so starkem Maße, die jüdischen Geldmagnaten Polens.

Aber nicht nur die Wahl des Königs und die Entwicklung der Industrie wurden mit Hilfe des jüdischen Geldes bewerkstelligt, sondern „auch der polnische Staat und sein Regierungsmechanismus konnten lediglich mit Hilfe jüdischer Kapitalien evolutionieren und fortkommen. Die polnischen Juden hoben die Regierungssteuer ein, versahen die Schatzkammer mit Geld, und unter Mieszyslaw hielten sie das Münzwesen in Pacht und prägten die Münzen mit hebräischen Schriften" [75].

Die Juden wurden mithin die ersten polnischen Bankiers, von denen sich die großen am Hofe konzentrierten, die kleinen aber über das ganze Land zerstreut waren. Sogar die neugegründete Krakauer Universität hatte einen jüdischen Geldleiher bekommen, der den Studierenden in Geldnot helfen mußte. Die interessante Verordnung lautete: „Wir bestimmen für besagte Studierende einen Campsor oder einen Juden zu Krakau, welcher das nötige

Geld auf sichere Pfänder zu leihen besäße; er darf aber
nicht mehr als einen Groschen von jeder Mark monatlich
nehmen" [76].

Neben den Industriellen, Kaufleuten und Geldleihern
brauchte Polen ferner noch Handwerker. Polen war anfangs ein Land, dessen ganze Bevölkerung nur aus Edelleuten, Kriegern und Bauern bestand. Mit dem Handwerk
gaben sich die Polen nicht ab, und die überschüssige Bauern-
bevölkerung wurde immer von dem Heere absorbiert, da
Polen sich fast ununterbrochen im Kriege befand. Mithin
waren es eine lange Zeit hindurch zum größten Teil Juden,
die das Handwerk in Polen betrieben. Nach einer Schrift
aus dem 16. Jahrhundert soll es in Polen 3200 jüdische
Kaufleute (auf 500 polnische) und dreimal so viel Handwerker gegeben haben.

Es ist nun verständlich, weshalb Polen Jahrhunderte
lang das bevorzugteste Einwanderungsland für die Juden
war, wo sich das jüdische Volk nach und nach konzentriert
hat, auf dessen weitere Geschichte und Entwickelung wir
jedoch hier nicht näher eingehen können.

Aber nicht nur im heutigen Polen, sondern auch in den
Provinzen des damaligen Königreichs Polen siedelten sich
die Juden schon recht früh an, besonders in Galizien. Die
Ursachen und der Verlauf der jüdischen Einwanderung in
Galizien waren dieselben wie die der Einwanderung in
Polen. Der rege Handel Lembergs führte viele Juden dort-
hin. „Leo Fürst von Halizien erhob 1269 Lemberg zur
Hauptstadt und unter seiner Regierung siedelten sich auch
die Juden in dieser Stadt an, und zwar im östlichen Stadt-
teile. Casimir der Große erteilte der Stadt große Frei-
heiten. Die Königin Hedwig bestimmte 1337 Lemberg als
Stapelplatz für alle aus östlichen Ländern kommenden
Waren" [77]. Nach der ersten Teilung Polens (1772) bekam
Österreich die Provinz Galizien [78].

Was Rußland anbetrifft, so erhielt es, abgesehen von
einigen Juden, die schon früher dorthin einwanderten,
seine jüdische Bevölkerung dadurch, daß es dem ursprünglich so umfangreichen Königreich ein Gebiet nach dem
anderen wegnahm, bis es als Erbe des Königreichs den

größten Teil der polnischen Gebiete an sich riß. (Nach den Teilungen von 1772, 1793 und 1795). Dadurch erfuhr Rußland eine gewaltige Zunahme an jüdischer Bevölkerung. Damals begann auch die stärkere Emmigration der Juden aus den polnischen Gouvernements nach dem Süden Rußlands, der allerdings im Jahre 1882 durch gesetzliche Beschränkungen ein plötzliches Ende gemacht wurde.

Neuntes Kapitel.

Allgemeiner Charakter der Periode.

Wenn wir eine allgemeine Charakteristik der Wanderbewegungen dieser zweiten Periode geben wollen, müssen wir vor allem die Grenzen bestimmen, innerhalb deren sich überhaupt eine Charakteristik geben läßt. Denn wenn wir all die Wege jüdischer Wanderer in dieser Periode berücksichtigen müßten, so wäre eine Charakteristik, die für alle Bewegungen paßte, natürlich unmöglich. Wir wollen daher nur versuchen, ein allgemeines Bild der Periode herauszuarbeiten, und zwar sind dabei auch die Binnenwanderungen, wie schon oben erwähnt wurde, von vornherein von der Betrachtung ausgeschlossen.

Bei dieser Begrenzung läßt sich die folgende Charakteristik geben: es waren Wanderungen aus den Ländern mit hoher wirtschaftlicher Kultur in die Länder, deren Wirtschaftsleben erst im Begriffe war, sich von neuem zu entwickeln[79]. (Holland, England und Amerika am Ende des 16. und Anfang des 17. Jahrhunderts, die Türkei nach der Eroberung durch Mohammed, Polen nach der Konstituierung des polnischen Königreiches).

Das Wirtschaftsleben dieser Länder hat einen verschiedenartigen Verlauf genommen: so gelangten die Länder Nordeuropas zur höchsten wirtschaftlichen Blüte, das Wirtschaftsleben der Türkei nahm eine gleichmäßige, weder Ebbe noch Flut aufweisende Entwickelung, weshalb auch die ökonomische wie rechtliche Lage der türkischen Juden bis heute fast dieselbe geblieben ist, und das der polnischen Gebiete zeigte zuerst einen Aufstieg, dann einen Niedergang, um erst am Ende der Periode aufs neue aufzublühen (Entwickelung der Industrie in Polen). —

Was die Einwanderungspolitik der Völker anbetrifft, so fällt uns Folgendes auf: die Juden wurden in den Ländern, wohin sie kamen, im großen und ganzen gut aufgenommen, möglichst begünstigt, ja in einigen Ländern von fast allen Abgaben befreit.

Die Juden waren in dieser Periode noch notwendig: die Völker, in deren Gebiete sie einwanderten, waren allein entweder nicht im Stande (Holland, England) oder nicht gewillt (die Türkei, Polen), alle Funktionen des sich aufs neue entwickelnden Wirtschaftslebens zu erfüllen. Dazu waren die Juden aber sehr geeignet, und sie erschienen deshalb wohl als Fremde, aber als solche, die unentbehrlich waren. Denn — und das ist eben das Bezeichnende — die wirtschaftliche Tätigkeit, mit der die Juden sich in den Einwanderungsländern befaßten, war für die Wirtsvölker höchst wichtig, ja sie bildete in einigen Ländern das Rückgrat der ganzen Wirtschaft. Das ökonomische Gebiet, das die Juden beherrschten, vergrößerte sich in der Folge der Entwickelung und wurde schließlich zu der Basis, auf der sich die wirtschaftliche und politische Macht und Bedeutung des Wirtsvolkes gründete.

Die Juden waren mithin am Anfang dieser Periode in ihren Wanderungen die Träger des wirtschaftlichen Fortschrittes und nicht — um das schon gleich vorwegzunehmen — wie in der dritten Periode, die des Rückschrittes. Man vergleiche nur die Bedeutung der Juden in Holland am Anfang des 17. Jahrhunderts oder der jüdischen Kolonisten in Südamerika mit der Bedeutung der östlichen Einwanderer in New-York oder London am Anfang des 20. Jahrhunderts!

Die Klassengegensätze der Wanderer dieser Periode zu bestimmen, ist nicht schwer: denn es gab keine. Es war eine großartige Wanderung der jüdischen Bourgeoisie. Die großen Kaufleute und Geldleiher, die Kapitalisten gaben den Ton an; aber auch die Handwerker, die nach der Türkei und Polen einwanderten, waren anfangs sehr vermögend.

Das Resultat der Wanderungen war jedoch nicht in

allen Ländern gleich. In den Ländern Nordeuropas und in
Amerika, wohin sich verhältnismäßig kleinere Massen der
Auswanderer gewendet hatten und wo das Wirtschaftsleben
die höchste Blüte erreichte, verlor die jüdische Frage nach
und nach ihre Schärfe. Die einheimische Bevölkerung trat
zwar in eine Konkurrenz mit den Juden, doch waren die
letzteren zu mächtig, als daß sie sich aus ihren Positionen
hätten verdrängen lassen.

Ganz anders gestaltete sich die Lage der Dinge im
Osten Europas. Hier hatten sich schon bedeutend größere
Massen der Juden konzentriert, und, was noch wichtiger
ist, das Wirtschaftsleben der Wirtsvölker machte nicht
die Fortschritte, wie etwa in Westeuropa. Im Gegenteil, es
geriet in Verfall, und so wurden die Juden mehr und
mehr in ihrer ökonomischen Lage gedrückt. Zu all dem
wurde die weitere Auswanderung nicht mehr möglich: die
Länder, welche die Juden vor Jahrhunderten verließen,
konnten sie nicht wieder aufnehmen, und weiter nach Osten
gab es keinen Weg. Wälder und Steppen, die urwüchsige
Natur, die rückständige Wirtschaftsweise, diese Gebiete
boten keine Voraussetzungen für die jüdische Einwanderung.
Und erst nachdem die wirtschaftliche Entwickelung ferner
überseeischer Länder neue Möglichkeiten für jüdische
Massen eröffnet hat und die Transporttechnik so fortgeschritten war, daß die Juden auch dorthin gelangen konnten, trat das jüdische Volk seine neue große Wanderung an.

Dritter Abschnitt.

Dritte Periode: Wanderbewegungen der Juden seit Beginn der überseeischen Auswanderung bis in die Gegenwart.

Zehntes Kapitel.

Soziale Differenzierung — jüdischer Nationalismus — Wanderungen.

Der homogene Charakter der jüdischen Wanderungen seit dem ausgehenden Altertum bis zur Konzentration der jüdischen Massen in Osteuropa hat die Historiker dazu verleitet, das jüdische Volk auch in der Gegenwart als aus einer Klasse bestehend zu betrachten.

Dabei verfielen die christlichen Geschichtsschreiber einerseits und die jüdischen andererseits in zwei entgegengesetzte Fehler, wobei es natürlich auch einige Juden gab, die den Standpunkt der christlichen Historiker vertraten und umgekehrt. Doch kam den jüdischen Verfassern, deren Aufmerksamkeit hauptsächlich auf die Verfolgungen und Ausplünderungen der Juden gerichtet war, und die darum sich mehr mit den Folgen der Exzesse beschäftigten, natürlich die Armut und das Elend stärker zum Bewußtsein; sie waren darum auch mehr geneigt, die Juden als Unterdrückte, Gepeinigte und Arme darzustellen. Ihre Geschichte würde daher zu einer Leidensgeschichte.

Den nichtjüdischen Verfassern fiel dagegen eine andere Seite stärker auf, nämlich der Reichtum der Juden, ihre ökonomische Macht, ihre pekuniäre Unabhängigkeit; die

Schmerzen der Juden gingen sie nichts an, wohl aber die Schuldscheine, die sich in den Händen der Juden befanden.

Dieser Gegensatz in der Auffassung der jüdischen Geschichte tritt uns stark und klar mit einer Offenheit und Naivität, die nur in früheren Zeiten zu finden ist, in den Schriften des Mittelalters entgegen. In der neuen Zeit äußert sich dieser Gegensatz der Auffassung freilich ganz anders.

K a r l M a r x war der erste, der in seiner genialen Weise in der kurzen Skizze „Zur Judenfrage" das jüdische Volk als das der kapitalistischen Bourgeoisie darzustellen versucht hat. „Welches ist der weltliche Grund des Judentums? Das praktische Bedürfnis, der Eigennutz. Welches ist der weltliche Kultus der Juden? Der Schacher. Welches ist sein weltlicher Gott? Das Geld. Nun wohl! Die Emanzipation vom Schacher und vom Geld, also vom praktischen, realen Judentum wäre die Selbstemanzipation unserer Zeit ... Die Judenemanzipation in ihrer letzten Bedeutung ist die Emanzipation der Menschheit vom Judentum ... Die gesellschaftliche Emanzipation der Juden ist die Emanzipation der Gesellschaft vom Judentum" [80].

Am Anfang der 40er Jahre des vorigen Jahrhunderts mochte so was richtig sein. M a r x konnte von den verschiedenen Klassen im jüdischen Volke, die damals gerade im Entstehen waren, unmöglich etwas wissen. Merkwürdigerweise aber schleppt sich diese Auffassung fast in allen sozialdemokratischen Schriften bis heute weiter. Heute noch denkt sich K a u t s k y die gesamten jüdischen Wanderungen als die der Händler. Deshalb ist für ihn die Einwanderung nach Palästina ein Ding der Unmöglichkeit; „da die Wege des W e l t h a n d e l s seitdem (seit der Zerstörung Jerusalems) bis heute Palästina gemieden haben, wurde es auch bis heute von der Masse der Juden gemieden, selbst wenn ihnen die Freiheit der Niederlassung im Lande ihrer Väter geboten wird" [81]. Als ob die Masse der Juden in Galizien und Rußland aus lauter Händlern bestünde, die sich am W e l t h a n d e l beteiligen könnten!

S o m b a r t, der eine wohl gelungene Geschichte der jüdischen Großbourgeoisie geschrieben hat, sieht zwar das

Wesen des Judentums — ebenso wie M a r x — darin, daß es eine Religion ist, die vornehmlich den Geist des Kapitalismus wiederspiegelt, er kann sich jedoch der Tatsache nicht verschließen, daß die osteuropäischen Juden in ihrer Heimat weder den Kapitalismus begründet haben, noch in ihrer ökonomischen Lage weit fortgeschritten seien. Darum teilt er — allerdings nur in seinem Schriftchen „Die Zukunft der Juden" — die Juden in die westlichen und östlichen ein [82]. Diese Einteilung ist insoweit berechtigt, als die Juden des Westens eine verhältnismäßig homogene Gruppe darstellen (Händler und Kapitalisten im weiten Sinne des Wortes und Angehörige liberaler Berufe), während die Juden des Ostens doch ein Volk sind, das aus verschiedenen Klassen besteht. Dieses Volk als eine gleichartige Masse zu behandeln ist ein großer Fehler, den man leider oft begeht. Die 6 Millionen Juden Rußlands gehören nicht mehr e i n e r sozialen Klasse an, sondern sind differenziert.

Zuerst ist dies der Entstehung des Kapitalismus in Rußland zu verdanken. Diese vor allem hat innerhalb des jüdischen Volkes verschiedene Gruppen mit verschiedenen Interessen ins Leben gerufen [83]. Zwar wird die Entwickelung der jüdischen Industrie stark gehemmt, worüber noch später die Rede sein wird, aber gerade dieser Umstand ruft einen noch erbitterteren sozialen Kampf hervor, — man denke nur an die Entstehung verschiedener jüdischer Arbeiterorganisationen! Und auch der übrige, größte Teil der östlichen Juden, deren Lage man gewöhnlich mit einer allgemeinen Phrase charakterisiert (sie „leben in kümmerlichen Verhältnissen, die sich vielerorts zu Zuständen der Not, des Elends, der Verzweifelung ausgestalteten" [84]) bildet sich aus Angehörigen verschiedener, sozialer Gruppen, deren ökonomische und rechtliche Existenz allerdings im großen und ganzen miserabel ist, die aber z u r B e s s e r u n g i h r e r L a g e g a n z v e r - s c h i e d e n e W e g e e i n s c h l a g e n u n d s i c h g a n z v e r s c h i e d e n e r M i t t e l b e d i e n e n.

Das letztere ist für uns besonders wichtig, da die Auswanderung in ihrer Grundbedeutung doch nichts anderes ist als ein Mittel, zu dem die Masse — zuerst instinktiv —

greift, um ihre Lebensbedingungen zu verbessern. Und die soziale Gliederung der Auswanderer, verglichen mit der sozialen Differenzierung der Zurückgebliebenen, kann uns am besten über die Erwartungen Aufschluß geben, die von verschiedenen Gruppen der jüdischen Bevölkerung mit der Auswanderung verknüpft werden.

Es bleibt uns folglich zu untersuchen, welche Stellung denn verschiedene soziale Gruppen innerhalb des Judentums zur Auswanderung einnehmen.

Diese Untersuchung schließt aber gleichzeitig die Erörterung der Frage des jüdischen Nationalismus ein oder richtiger der Frage, wie sich die verschiedenen sozialen Klassen im Judentum zu dem nationalen Problem stellen (vgl. Anm. 84a).

Denn: das Nationalitätenproblem und die Auswanderungsfrage hängen aufs engste zusammen, insbesondere aber in der Gegenwart, wo sich Tausende und Abertausende von Juden auf Wanderungen befinden, tritt uns die jüdische nationale Frage vornehmlich als Wanderungsproblem entgegen. Meint doch S o m b a r t: „Das Problem der östlichen Juden ist ein Unterbringungs-, ein Versorgungs-, genauer: ein Ansiedlungs- oder Umsiedlungsproblem" [85]. —

Das Territorium stellt die Grundlage dar, auf der sich das gesunde, nationale Leben eines Volkes entfalten kann. Darum können nur diejenigen Nationen, die ein Territorium besitzen, auch eine eigene nationale Volkswirtschaft haben. Innerhalb dieser Volkswirtschaft „in der gesellschaftlichen Produktion ihres Lebens gehen die Menschen bestimmte, notwendige, von ihrem Willen unabhängige Verhältnisse ein, Produktionsverhältnisse, die einer bestimmten Entwickelungsstufe ihrer materiellen Produktionskräfte entsprechen" [86].

Jedoch findet diese gesellschaftliche Produktion nicht bei jedem Volke unter gleichartigen Bedingungen statt; diese Bedingungen sind in der Wirklichkeit sehr verschieden und hängen nicht nur von der Produktionsweise ab; sie können auch außergesellschaftliche Naturbedingungen usw. sein. Zwar „ist es jedesmal das unmittelbare Verhältnis der Eigentümer der Produktionsbedingungen zu den unmittelbaren Konsumenten . . . worin wir das innerste Geheimnis, die verborgene Grundlage der ganzen gesellschaftlichen Konstruktion . . . finden". Aber „dies hindert nicht, daß dieselbe ökonomische Basis — dieselbe den Hauptbedingungen nach — durch zahllos verschiedene empirische Umstände, Naturbedingungen, Rassenverhältnisse, von außen wirkende geschichtliche Einflüsse usw. unendliche Variationen und Abstufungen in der Erscheinung zeigen kann, die nur durch Analyse dieser empirisch gegebenen Umstände zu begreifen sind" [87].

Somit aber wird die Verschiedenheit der ökonomischen Entwickelung einzelner Völker selbst von Marx zugegeben. Das nationale Moment in der Volkswirtschaft jedes Volkes wird damit betont, und in dieser Hervorhebung der verschiedenen P r o d u k t i o n s b e d i n g u n g e n, unter denen sich die Volkswirtschaft einzelner Völker abspielt, wird gleichzeitig der Ausgangspunkt für die Herausbildung einer Theorie des Nationalismus gegeben.

Insofern die Produktionsbedingungen verschiedener Völker verschieden sind, bilden sie nationale Organismen, obwohl die Produktionsweise innerhalb dieser gesellschaftlichen Organismen die gleiche ist (für die modernen Kulturvölker etwa der Kapitalismus).

Die Lage innerhalb gewisser materieller Produktionsbedingungen kann für das betreffende Volk vorteilhafter sein, als das Wirken und Schaffen unter anderen Produktionsbedingungen; andererseits mögen gewisse Produktionsbedingungen noch so bequem und gut sein, — das Volk kann nichtsdestoweniger dem Triebe nach Erweiterung seiner Produktion, nach größerer Betätigung folgend, nach der Erweiterung der Sphäre seiner Produktionsbedingungen und dem Eingreifen in die fremden streben. Daraus aber entsteht der Kampf zwischen verschiedenen volkswirtschaftlichen Organismen.

Dabei bilden die verschiedenen Produktionsmittel das Eigentum der Klassen; so gehört das gesamte Kapital, das in der Volkswirtschaft tätig ist, der Klasse der Kapitalisten, der Grund und Boden im großen und ganzen der Klasse der Grundbesitzer, die Arbeitskraft der Klasse der Arbeiter usw. Die gleichen Produktionsbedingungen aber bilden das gesamte Eigentum der ganzen Gesellschaft, des ganzen Volkes.

„Das Gefühl der Verwandtschaft auf Grund einer gemeinsamen historischen Vergangenheit, die in gleichen und harmonischen Produktionsbedingungen wurzelt, heißt eben der Nationalismus" [88].

Dieser Nationalismus steht im engsten Zusammenhang mit dem allgemeinen Eigentum des Volkes; dieses allgemeine Eigentum sind aber die Produktionsbedingungen, unter denen die betreffende Volkswirtschaft sich entwickelt. Und die Basis, auf der das Wirken dieser Produktionsbedingungen erst möglich wird, ist eben das Territorium.

Darum ist aber bei einem ungehindert seine Produktionskräfte entfaltenden Volke, d. h. bei einem solchen, dessen Basis allen Anforderungen seiner Entwickelung entspricht, der Nationalismus noch nicht entwickelt; ein solches Volk hat eine Menge von Vorrichtungen, die sein nationales Eigentum schützen und bewahren: die politische Einheit, Sprache, nationale Kultur, Erziehung und dergl. mehr, — aber solange seine Produktionsbedingungen für es noch keine Frage der Erweiterung oder der Verbesserung bilden, hat es auch nicht nötig, nationalistisch zu denken und zu fühlen. Sein Nationalismus ist mithin ein latenter Nationalismus, der jedoch bei erster Gelegenheit sich mächtig geltend machen kann. Der Grad, in dem dies bei den territorialen Völkern geschieht, ist jedoch sehr verschieden; er hängt meistens davon ab, in welchem Maße das betreffende Volk seine Kräfte frei und ungehindert entfalten kann. So gibt es ganz freie Völker (Franzosen), nur wenig unterdrückte (Ungarn, Polen in Galizien), bedeutend stärker unterdrückte (Kroaten) und ganz unterdrückte (Ukrainer).

Da ferner jedes Volk aus verschiedenen sozialen Klassen besteht, die zu dem allgemeinen Eigentum — den Produktionsbedingungen — eine ganz verschiedene Stellung einnehmen und das Zentrum ihrer Interessen bald in der einen und bald in einer anderen Seite des allgemeinen nationalen Eigentums erblicken, bekommen wir dementsprechend auch verschiedene Typen des Nationalismus. —

Bei den Völkern nun, die kein Territorium haben, wo also die Grundlage für irgend welche gesunde Produktionsbedingungen fehlt, können sich die Produktivkräfte nicht normal entfalten. Um jedoch existieren zu können, sieht sich ein solches exterritoriales Volk gezwungen, in die Sphäre der nationalen Volkswirtschaft eines anderen einzudringen; es tritt in den sozialökonomischen Organismus einer fremden Nation ein.

Dabei aber wird ein solches exterritoriales Volk einer allgemeinen oder teilweisen Isolation unvermeidlich ausgesetzt. Die Isolation ist eine teilweise, solange die Angehörigen des eingedrungenen Volkes nur zu den wirtschaftlichen Funktionen zugelassen werden, die von den Mitgliedern des einheimischen Volkes nicht besetzt sind, und solange also die Fremden noch als nützliche Gäste erscheinen. Die Isolation wird aber unbedingt allgemein von dem Augenblick an, wo die einheimische Bevölkerung anfängt, selbst die Funktionen der bis jetzt Tolerierten zu erfüllen und die Fremden nunmehr aus ihren Positionen verdrängt.

Im ersten Falle geraten die Fremden in die Endstadien der Produktion, da die Anfangsstadien von den Einheimischen schon meistens besetzt sind. Im zweiten Falle — im Falle der allgemeinen Isolation — werden die Fremden nun vollständig überflüssig und müssen in den meisten Fällen auswandern: denn ohne eine eigene Volkswirtschaft zu besitzen, unterliegen sie als die ökonomisch Schwächeren im Kampfe mit den Einheimischen. Als Fremde im Lande können sie keinen großen Einfluß auf die Gesetzgebung ausüben, und so müssen sie sich alle Beschränkungen gefallen lassen, welche die Einheimischen, im Besitz des gesetzgebenden Apparats, ihnen auferlegen.

Das Wesen der jüdischen nationalen Frage besteht mithin in der Exterritorialität des jüdischen Volkes. Und die Mittel, die das jüdische Volk ergreift, um dieser Exterritorialität zu entgehen, sind eben Wanderungen, auf denen es sich ein Territorium sucht.

Jedoch ist heute nicht das ganze jüdische Volk an diesen Wanderungen gleichmäßig beteiligt; früher war es wohl der Fall, als es noch aus einer Klasse bestand; heute aber nehmen verschiedene soziale Klassen im Judentum eine grundverschiedene Stellung zu der Auswanderung ein.

Darum ist auch der Nationalismus der Agrarier, der Groß-, Mittel- und Kleinbourgeoisie, der noch nicht proletarisierten Arbeitermassen und des Proletariats ein ganz verschiedener.

Die Großgrundbesitzer, die Agrarier, leben natürlich auch von ihrem Kapital; die Hauptquelle ihrer Einkünfte bildet aber vor allem die Grundrente. Dies veranlaßt sie, den unbeweglichen Grund und Boden am meisten zu schätzen. Das Territorium, die allgemeine Basis des nationalen Eigentums — der gesamten Produktionsbedingungen — ist ihnen insoweit teuer und lieb, als es ein Stück Land ist, aus dem sie die größten Einnahmen beziehen. Sie werden darum nur dann national bzw. nationalistisch, wenn die Sicherheit ihrer Ländereien in Gefahr kommt. Doch da sie durch die geschichtliche Entwickelung der Dinge der politischen Macht im Staate sehr nahe stehen, fühlen sie sich berufen, die Stützen und Schützer der nationalen, alten Zustände und Sitten im Staate zu sein. Darum treiben sie eine durchaus nationalistische Politik und sind in nationalen Angelegenheiten sehr empfindlich. „Sie sind sozusagen ein beständiger Sprengstoff des Nationalismus" [89].

Bei den Juden gab es solche Agrarier fast nie und gibt sie auch heute nicht, wenn wir von den wenigen jüdischen Großindustriellen des Westens absehen, die reich genug sind, um große Ländereien anzukaufen; dies tun sie allerdings nicht um des Landbesitzes willen, sondern vielmehr wegen der sozialen Stellung, die ein Großgrundbesitzer noch heute in der besten Gesellschaft einnimmt. Und solange sie noch Juden bleiben, deckt sich ihr jüdisches, nationales Empfinden mit dem der jüdischen Großbourgeoisie.

Das mächtige Großkapital kennt keine Tradition. Es fühlt sich auch nicht gebunden an enge Grenzen der eigenen Heimat, sondern strebt nach der Herrschaft über die ganze Welt. Die nationale Sprache spielt bei ihm keine große Rolle, und im Absatz seiner Waren ist es nicht auf den Markt, wo irgend eine Sprache die herrschende ist, angewiesen. Denn die Großindustriellen treten nicht in unmittelbaren Verkehr mit den Konsumenten; der Konsument spricht nicht mit d e m F a b r i k a n t e n , sondern mit d e m H ä n d l e r . Die zahlreichen Angestellten führen die ganze Korrespondenz des Großindustriellen; er selbst braucht nicht alle Sprachen all der Völker zu kennen, denen er seine Waren verkauft.

Noch weniger als der Großindusrielle ist der reiche Bankier, der große Finanzier an den einheimischen Markt gebunden. Die internationale Geldbourgeoisie legt ihre Hand auf den Gang der ganzen Weltwirtschaft. Sie treibt keine innere, nationale Politik, sie kümmert sich im Gegenteil viel mehr um die internationalen Angelegenheiten, sie ist nicht nationalistisch, sondern imperialistisch (im englischen und amerikanischen Sinne des Wortes).

Für die jüdische Geldbourgeoisie ist die Konkurrenz mit der Bourgeoisie anderer Nationen nicht gefährlich. Sie ist alt und mächtig genug, um den Kampf zu bestehen; außerdem ist sie so unentbehrlich, daß man ohne sie nicht mehr gut auskommen kann. Sie ist daher weder der teilweisen noch der allgemeinen Isolation unterworfen. Sie ist assimilatorisch gesinnt. Eine unmittelbare jüdische Frage existiert für sie nicht. Es gibt für sie darum auch keine Auswanderungsfrage, und wenn sie wandert — d. h. um ihre Macht über die ganze Welt zu erstrecken, sich überall zerstreut, so ist diese Ausbreitung nicht ein Zeichen ihrer Schwäche, sondern im Gegenteil ihrer Macht, ihrer herrsehenden Stellung in der Weltwirtschaft. Jedoch wird sie ab und zu an die jüdische Frage unangenehm erinnert. Die armen, östlichen Juden und der Antisemitismus sind für diese internationale, jüdische Bourgeoisie sehr peinliche Sachen. Darum sieht sie sich gezwungen, der jüdischen Frage eine wie immer geartete Aufmerksamkeit zu schenken; sie muß die armen Stammesgenossen irgend wo und irgend wie unterzubringen versuchen. Philantrophie ist ihr erstes und letztes Wort.

D i e M i t t e l b o u r g e o i s i e — größere und mittlere Händler, Angehörige liberaler Berufe und überhaupt besser Situierte — haben mehr Grund, national gesinnt zu sein.

Für den größeren Teil dieser Bourgeoisie, die Händler, hat das Territorium nur die Bedeutung des inneren Absatzmarktes. Ausländische Märkte interessieren sie in sehr geringem Maße, wohl aber diejenigen Konsumenten, die ihre hauptsächlichsten Abnehmer sind, d. h. diejenigen, die mit ihnen die gleiche Sprache sprechen. Die letztere spielt mithin eine ganz gewaltige Rolle, ja der Nationalismus dieser Gruppe fällt oft örtlich mit den Grenzen der nationalen Sprache zusammen. Darum beschränkt sich die nationale Politik dieser Gruppe hauptsächlich auf Kulturpolitik, Förderung der Sprache, der nationalen Erziehung usw. Die Konkurrenz zwischen dieser Bourgeoisie und der einheimischen ist schon bedeutend stärker, wobei die Juden nunmehr im Kampfe auch ab und zu den Kürzeren ziehen. Die Isolation wird manchmal recht verhängnisvoll, und das Fehlen einer selbständigen, nationalen Volkswirtschaft macht sich sehr fühlbar.

Diese Bourgeoisie ist viel enger mit dem ganzen Volke verknüpft, seine Interessen sind auch ihre Interessen. Zusammen mit den Angehörigen liberaler Berufe bekommt sie sehr viel von dem gesellschaftlichen Boykott und Antisemitismus zu spüren. Trotz all der Gleichberechtigung dauert doch die gesellschaftliche Ausschließung dieser Schichten des jüdischen Volkes fort — im Osten wie im Westen. Die Angehörigen liberaler Berufe, die zu dieser Gruppe gehören, sind meistens geistig sehr begabt; sie besitzen auch eine sehr starke Energie und fühlen sich zu Größerem berufen. Sie könnten ihre Kräfte in viel höherem Maße entwickeln und betätigen, als es ihnen in modernen Staaten tatsächlich gegönnt wird. Und so fühlen sie immer, trotz der materiellen Behaglichkeit, doch einen inneren Widerspruch zwischen ihrer Lage und ihrer Bestimmung. Sie sind nicht ganz befriedigt, und dieses Unbefriedigtsein ist es, was sie national macht. Sie haben keinen unmittelbaren Anlaß, auszuwandern, und tun es auch nicht, und trotzdem beteiligen sie sich ziemlich stark an der nationalen Bewegung, und zwar gerade auf dem Gebiete der zionistischen Arbeit. Der zionistische Staat ist für sie das, was man als hochherrschaftliche Wohnung mit Zentralheizung, elektrischem Licht pp. bezeichnen kann. Schon heute haben sie in der Bewegung die Leitung inne und hoffen, auch im zukünftigen Staate die Ministerstellen zu besetzen [90].

Die Kleinbourgeoisie stellt die Hauptmasse des jüdischen Volkes dar. Eigentlich ist es nicht richtig, sie noch als Bourgeoisie zu bezeichnen; denn ihre ökonomische Existenz ist eine ganz miserable. Die unzähligen kleinen Händler, Makler, armen Handwerker, Leute ohne beständigen Beruf bilden diese Bourgeoisie. Aus dieser Gruppe des jüdischen Volkes rekrutiert sich die Masse derjenigen, die in der Suche nach der Beschäftigung das Hauptkontingent der jüdischen Wanderer bilden.

Doch solange die Angehörigen dieser sozialen Gruppe noch einen Schimmer von Selbständigkeit haben und noch die leiseste Möglichkeit, in der alten Heimat weiter zu existieren, hängen sie leidenschaftlich an den alten Wohnstätten. Denn solange sie noch mitten in den bekannten Verhältnissen sind und mit den Volksgenossen verkehren, die mit ihnen die gleiche Sprache sprechen, haben sie noch Hoffnung, sich irgendwie emporzuheben. Ein glückliches, zufälliges Geschäft verhilft manchmal einem auf eine höhere soziale Stufe. Eine berechtigte Hoffnung hierauf verschwindet aber in den Ländern der Immigration. Die Überfahrt verschlingt die letzten ersparten Gelder, und in der neuen Heimat angekommen bleibt dem Einwanderer nichts übrig, als seine Arbeitskraft zu verkaufen.

Der Nationalismus dieser Gruppe ist sehr stark entwickelt; sie steht materiell sehr tief, sodaß sie gar nicht in Verkehr mit den höheren intellektuellen Schichten des einheimischen Volkes kommt und darum von der Assimilation nicht viel weiß. Sie hat keinen Anlaß und keine Lust, sich mit dem niederen Volke, mit dem sie meistens zu tun hat, zu assimilieren. Sie ist auf die Volksgenossen angewiesen und fühlt auch, daß sie nur durch die Arbeit und das Zusammenleben mit anderen Gruppen des Volkes ihre Lage verbessern kann. Sie träumt vom jüdischen Staat, ohne jedoch im Stande zu sein, ihn zu verwirklichen. Denn ihre ökonomische Lage ist eine zu unbeständige, als daß sie eine planmäßige, einheitliche Politik treiben könnte. So bekennt sie sich heute zu einer und morgen zu einer anderen Partei. Doch, da sie an der Auswanderung fast am stärksten interessiert ist, bleibt sie — aus diesem und anderen Gründen — im großen und ganzen national gesinnt.

Wir kommen nunmehr zu den jüdischen Arbeitermassen. Diese Arbeitermassen teilen wir in zwei Gruppen ein: Zu der ersten gehören die Arbeiter, die schon einen Arbeitsplatz haben, d. h. in irgend einer Fabrik arbeiten, darum auch einen planmäßigen Klassenkampf führen können, proletarisch gesinnt sind, das jüdische Proletariat bilden; diese Gruppe kann man als den vierten jüdischen Stand bezeichnen. Der zweiten Gruppe gehören alle diejenigen jüdischen Arbeitlslosen an, die zwar gerne regelrecht angestellte Arbeiter sein möchten, die aber infolge der Konkurrenz dem einheimischen Arbeiter den Platz räumen müssen; wirkliche Arbeitslose im westeuropäischen Sinne sind sie jedoch nicht; es sind Leute, deren Beschäftigung fast jede Woche, ja jeden Tag wechselt, die gewissermaßen den fünften jüdischen Stand bilden.

Wir beschränken damit den Begriff „Proletarier" auf diejenigen Arbeiter, die schon einen Arbeitsplatz haben und zum kampfesfähigen Proletariat gehören; andererseits schließen wir aus dem Begriffe „Proletarier" — mit dem man überhaupt diejenigen bezeichnet, die nichts haben und ihre Arbeitskraft verkaufen müssen — die jüdischen Arbeitslosen aus, obwohl die letzteren nach der Vorstellung des Laien erst recht zu den Proletariern gehören. Dazu zwingt uns der Umstand, daß das Interesse an der Auswanderung und der Nationalismus dieser beiden Gruppen der jüdischen Arbeitermassen grundverschieden sind.

Wir fangen nun mit der zweiten Gruppe an.

Die jüdischen Arbeitermassen, die keinen beständigen Arbeitsplatz haben und darum im gewissen Sinne die jüdische Reservearmee bilden, haben nur einen Wunsch: jemanden zu finden, dem sie ihre Arbeitskraft verkaufen könnten. In ihrer alten Heimat finden sie meistens keinen Absatz mehr für ihre Arbeitskraft — und so sehen sie sich genötigt, aus einem Lande ins andere zu wandern: immer auf der Suche nach einem Arbeitsplatz. Treffend sagt darum Esther Schneerson: „Überhaupt liegt zum Unterschied von Westeuropa das Hauptproblem der jüdischen Arbeiterfrage — (richtiger wäre gewesen: der Arbeiter, die noch nicht proletarisiert sind) — nicht sowohl in der Arbeitszeit und dem Arbeitsertrage, als vielmehr in der Arbeitsgelegenheit"[91]. Das Bedürfnis nach der Proletarisierung ist hier ungemein groß, findet aber keine Befriedigung. Die Konkurrenz mit den einheimischen Arbeitern, die selbst infolge der ökonomischen Entwickelung des Landes sich in beträchtlichen Massen an dem Arbeitsmarkt konzentrieren, um ihre Arbeitskraft dem Arbeitgeber anzubieten, fällt von vornherein entschieden zu Ungunsten der jüdischen Bewerber aus.

Dies an der Hand der Tatsachen und Statistik zu beweisen, wird die Aufgabe des Kapitels sein, das über die ökonomische Lage der jüdischen Arbeitermassen in Rußland zu berichten haben wird. Jetzt nehmen wir aber als gegeben an: der jüdische Arbeiter, dessen größtes und einziges Lebensproblem das Ausfindigmachen eines Arbeitsplatzes ist — überhaupt conditio sine qua non seiner Existenz — muß dem einheimischen Arbeiter, der gleichzeitig sich um den Arbeitsplatz bewirbt, das Feld räumen. Somit bleibt ihm nichts anderes übrig, als auszuwandern.

Indem er jedoch in ein neues Land einwandert, gerät er dort wieder in Konkurrenz mit den einheimischen Arbeitern, die ihn von den günstigeren Plätzen ausschließen; darum wird er auch in den Immigrationsländern in die rückständigsten Industriezweige gedrängt (Sweating-System).

Dabei führt ihn das Bewußtsein seiner Hilflosigkeit im Verein mit der Hoffnung, bei schon früher Eingewanderten wenigstens die erste Unterstützung zu finden, dazu, in diejenigen Länder einzuwandern, die schon vorher beträchtliche jüdische Massen aufgenommen haben. Die hierdurch verursachte Ansammlung sehr großer jüdischer Massen wirkt aber höchst ungünstig auf die ökonomische und rechtliche Lage der Einwanderer ein.

Diese Massen der jüdischen Arbeiter leiden am stärksten unter der Exterritorialität des jüdischen Volkes, sind aber am wenigsten im Stande, eine bewußte, planmäßige Auswanderungspolitik zu treiben. Somit sind ihre Wanderungen passiver Art, es fehlt ihnen an bewußter Aktivität. Das, was not tut: eine planmäßige, bewußte Regulierung der jüdischen Auswanderung, kann somit von diesen Massen nicht bewerkstelligt werden.

Der Nationalismus dieser Gruppe der jüdischen Arbeiter ist sehr entwickelt, trägt aber einen gewissen lokalen Charakter: ein Arbeitsplatz an und für sich ist die Hauptsache — darum streben diese Massen nach irgend einem Territorium überhaupt. Sie haben keine Zeit zu warten: das Territorium, der Arbeitsplatz, muß sofort gefunden werden.

Der Nationalismus wird hier zum Territorialismus.

Das jüdische Proletariat ist bei dem Kampfe mit der einheimischen Arbeiterschaft nicht so leer ausgegangen, wie diejenigen, die überhaupt keine Arbeit fanden und entweder die Reihen der jüdischen Reservearmee oder die der Auswanderer füllen mußten. Es hat doch noch eine Unterkunft in der alten Heimat gefunden, aber nur in den Endstadien der Produktion, wohin es ebenfalls die Konkurrenz gedrängt hat.

Dadurch aber ist die Entwickelung seiner Produktionskräfte, seine Befähigung zum Klassenkampf sehr gehemmt. Die nationale Frage des jüdischen Proletariats besteht mithin in der Anormalität seiner strategischen Basis. Borochoff macht einen Unterschied zwischen dem Arbeitsplatz und der strategischen Basis.

Der Arbeitsplatz ist das Objekt des Strebens und der Konkurrenz einzelner Arbeiter, die noch keine Arbeit haben.

Strategische Basis nennt Borochoff den Arbeitsplatz, insofern er den Ausgangspunkt bildet für den Kampf des Proletariats als einer Klasse gegen andere Klassen.

Je schlechter die strategische Basis ist, desto geringer

ist die Möglichkeit, einen planmäßigen und erfolgreichen Klassenkampf zu führen. Darum liegt es im unmittelbaren Interesse des Proletariats, seine strategische Basis zu verteidigen und zu behaupten oder, falls sie nicht den Anforderungen entspricht, zu verbessern.

Die strategische Basis des jüdischen Proletariats ist höchst unzulänglich, und zwar in ökonomischer wie in politischer Hinsicht. Der ökonomische Kampf des jüdischen Proletariats kann schon deshalb nicht sehr wirkungsvoll sein, weil es in seiner Mehrzahl in den Endstadien der Produktion beschäftigt ist. Es steht tatsächlich in den Diensten des mittleren und kleinen Kapitals und ist von der Urproduktion wie von denjenigen Industriezweigen, die für die gesammte Volkswirtschaft von höchster Bedeutung sind, ausgeschlossen. Darum kann sein Kampf auch keine erhebliche politische Bedeutung haben. So bleibt es in der Nachhut der Arbeiterbewegung.

Andererseits ist aber im jüdischen Proletariat eine gewaltige Energie aufgespeichert. Seine kulturelle Entwickelung ist sehr vorgeschritten; aus der städtischen Bevölkerung hervorgegangen, ist es im Gegensatz zu dem übrigen Proletariat, das vom Lande in die Stadt gekommen ist, schon von vornherein viel revolutionärer und bedeutend empfänglicher für die sozialistische Propaganda.

Jedoch erlaubt ihm die Unvollkommenheit seiner strategischen Basis keine volle Entfaltung seiner Kräfte und hat im Gegenteil nur ungesunde Exzesse zur Folge: Phraseologie, machtloser Haß gegen die herrschende Ordnung, da sein Kampf zu keinen erheblichen Erfolgen führt, und Neigung zum Anarchismus: das sind alles Zeichen einer ungesunden Entwickelung des jüdischen Proletariats.

„Der gefesselte Prometheus, der mit der ganzen Leidenschaft ohnmächtiger Empörung die Schwingen des Adlers zu zerbrechen sucht, der langsam sein Herz zerfleischt — das ist das Symbol des jüdischen Proletariats"[92].

Es ist nun klar, daß der jüdische Proletarier, um seine strategische Basis zu verbessern, zur Auswanderung greifen muß. Ist für die breiten Massen der jüdischen Arbeitslosen die Auswanderung überhaupt der einzige Weg, den

sie betreten können und müssen, so kann sich doch das
jüdische Proletariat auch noch in der alten Heimat eine
gewisse Zeit behaupten. Es fühlt wohl den inneren Widerspruch seiner Lage und hat das Bedürfnis, seine Lebens-
und Kampfesbedingungen zu verbessern, doch tritt dies
Bedürfnis nicht mit so unabweisbarer Dringlichkeit heran,
wie an die Arbeitslosen. Darum trägt die Auswanderungspolitik des jüdischen Proletariats mehr den Stempel ruhiger
Bedächtigkeit; es hat mehr Zeit, zu überlegen. Es ist darum
berufen, in gemeinsamer Arbeit mit anderen Gruppen in die
Massenwanderungen des jüdischen Volkes eine Ordnung
und ein Ziel hineinzubringen.

Wir haben nun an der Hand der B o r o c h o f f 'schen
Untersuchung versucht, die Interessen verschiedener sozialer Gruppen des jüdischen Volkes an der Auswanderung
festzustellen. Jetzt gehen wir zur Analyse der sozialen
Struktur der jüdischen überseeischen Auswanderung über,
um auf solche Weise zu erfahren, inwieweit unsere theore-
tischen Betrachtungen durch die Tatsachen bekräftigt
werden.

Es ist jedoch nötig, vorher einen kurzen Blick auf die
rechtliche und ökonomische Lage des jüdischen Volkes im
Hauptauswanderungslande, in Rußland, zu werfen.

Elftes Kapitel.

Die Lage der Juden in dem Hauptauswanderungs-
lande: in Rußland.

Vorbemerkung.

Es kann nicht die Aufgabe dieses Kapitels sein, die
Lage der Juden in Rußland erschöpfend zur Darstellung zu
bringen. Diese Lage nach allen Richtungen hin zu untersuchen, wäre eine Aufgabe für sich. Hier kann es sich mithin nur darum handeln, das Wesentlichste mitzuteilen, —
und zwar u n t e r d e m G e s i c h t s p u n k t e d e r A u s -
w a n d e r u n g. Nur insoweit die eine oder die andere
Erscheinung im jüdischen Leben des Ostens in irgend einer
Beziehung zur Auswanderung steht, wird sie kürzer oder

ausführlicher untersucht. Darum ist es erklärlich, daß dies oder jenes gar nicht berührt wurde.

Auf die Darstellung der Lage der Juden in zwei anderen Hauptauswanderungsländern: in Rumänien und Galizien, wurde aus dem Grunde verzichtet, weil die ökonomische Entwickelung der Juden in letztgenannten Ländern im großen und ganzen, aber wohl gemerkt: nur im großen und ganzen, der der russischen Juden gleich ist.

Wir haben schon gesehen, daß Rußland seine jüdische Bevölkerung vornehmlich durch die Einverleibung Polens bekommen hat. Die Zahl der Juden im russischen Reiche betrug: [93]

im Jahre	absolut	in % der Ges.-Bev.	im Jahre	absolut	in % der Ges.-Bev.
1836	1 033 141	—	1897	5 215 805	4,2
1867	2 649 806	—	1905	6 045 690	4,05

Die rechtliche Lage der Juden in Rußland ist sehr kompliziert geregelt, und wir brauchen in unserem Zusammenhange nicht darauf näher einzugehen. Hier sei es nur erwähnt, daß die Juden Rußlands nicht das Recht haben, überall zu wohnen. Die geltenden Gesetze beschränken ihr Wohnrecht auf ein bestimmtes Gebiet, das „Niederlassungsgebiet", auch „Ansiedlungsrayon" genannt, bestehend aus 15 westlichen und südlichen Gouvernements, wie auch aus den 10 Gouvernements des Königreichs Polen. Der jüdische Ansiedlungsrayon umfaßt ein Gebiet von 944 707 qkm oder $1/_{23}$ des ganzen russischen Territoriums. Aber auch innerhalb dieses Ansiedlungsrayons dürfen die Juden nur in den Städten und Städtchen wohnen, nicht aber auf dem flachen Lande.

Von der Beschränkung der Freizügigkeit sind einzelne bevorzugte Klassen der Juden ausgenommen. Hierher gehören:

a) die Kaufleute erster Gilde, d. h. diejenigen, die eine besonders große (jährlich etwa 1800 Mk.) Gewerbesteuer zahlen und deren Zahl daher sehr klein ist;

b) Absolventen russischer Hochschulen. Die Zahl der Juden, die an einer russischen Hochschule studieren dürfen, ist wiederum beschränkt durch die sogen. „Prozentnorm", nach der die Zahl der jüdischen Studenten nicht mehr als 3—5% der Gesamtzahl betragen darf. In den letzten Jahren war die Immatrikulation von Juden an vielen russischen Hochschulen überhaupt nicht möglich, da infolge der freien Aufnahme in den „Freiheitsjahren" die Zahl der jüdischen Studierenden den gesetzlichen Prozentsatz weit überschritten hat. Dies gilt auch für die nächste Zukunft;

c) Apotheker, Zahn- und Wundärzte und Hebammen;

d) gelernte Handwerker, die jedoch in Moskau, dem Don'schen Kosakengebiet und Sibirien kein Wohnrecht haben. Aber auch sonst ist die Freizügigkeit der Handwerker eine recht problematische, da der Wohnortswechsel mit vielen Schwierigkeiten verbunden ist. Von den letzteren seien einige hervorgehoben: der Handwerker, der umzieht, gewinnt das Heimatsrecht des neuen Wohnortes nicht und bleibt im Verbande derjenigen Gemeinde, wo er früher ansässig war; er muß jedes Jahr um einen neuen Reisepaß bei seiner Heimatsgemeinde nachsuchen, und nur auf Grund dieses Passes hat er das Wohnrecht; die Gemeinde mißbraucht oft die Abwesenheit des Handwerkers bei der Umlage von Steuern und kann ihm die Erneuerung des Passes immer verweigern[94]. Ferner ist die Aufnahme in eine Zunft als Lehrling oder Meister dadurch erschwert, daß sie von Zunftvorständen abhängig ist, die kraft einer besonderen Bestimmung ausschließlich aus Christen bestehen;

e) Soldaten, die vor der Einführung der allgemeinen Wehrpflicht gedient haben, d. h. 25 Jahre; ihre Zahl ist heute auf einzelne Personen zusammengeschrumpft.

————————

Die örtliche Verteilung und Dichtigkeit der jüdischen Bevölkerung Rußlands ist in verschiedenen Teilen des russischen Reiches eine sehr verschiedene. 95,1% aller russischen Juden befinden sich im Ansiedlungsrayon und nur 4,9% außerhalb desselben[95]. Der Anteil der Juden an der Gesamtbevölkerung schwankt daher sehr stark.

„Während z. B. im europäischen Rußland das Gouvernement Kiew 433 728 Israeliten [96] zählt, hat das Gouvernement Archangelsk nur 251 und die Gouvernements Wologda
und Olonetz nur je 403 israelitische Einwohner. Und der
Anteil der Israeliten an der Gesamtbevölkerung geht von
18,22% im Gouvernement Warschau und 17,49% im Gouvernement Grodno herab zu 0,03% in den Gouvernements
Wologda und Wjatka" [97]. Die höchste Dichtigkeit weisen
die kleineren administrativen Bezirke (Ujesden) des Ansiedlungsrayons und „die relativ größte Dichtigkeit der
Ujesd Bjalostok auf, in dem die Israeliten 28,77% der Gesamtbevölkerung ausmachen" [98].

Nach den neuesten Berechnungen [99] stellt sich die Zahl
und der prozentuale Anteil der Juden an der Gesamtbevölkerung für das Jahr 1905 folgendermaßen dar: Die
Zahl der Juden betrug

im europ. Rußland 4 406 063 = 4,03% d. Ges.-Bevölkerung
„ Königr. Polen 1 533 716 = 14,01% „ „
„ Kaukasus 65 888 = 0,63% „
in Sibirien 40 443 = 0, 6% „ „
„ Zentralasien 14 305 = 0,24% „ „

Demnach hat sich die Zahl der Juden im europäischen
Rußland im Jahre 1905, verglichen mit ihrer Zahl im Jahre
1897, vermindert, und zwar um 704 485 (5 110 548—
4 406 063), im Königreich Polen dagegen vermehrt, und zwar
um 212 616 (1 533 716—1 321 100). Dies ist zu erklären
durch die Binnenwanderung der Juden innerhalb des russischen Reiches, welche die Richtung aus dem europäischen
Rußland in das polnische Gebiet hat. Diese Binnenwanderung dauerte auch in den folgenden Jahren fort. Wir haben
Angaben über den Stand der jüdischen Bevölkerung in Polen
bis zum Jahre 1908. Danach „ist die Zahl der jüdischen
Bevölkerung seit der allgemeinen Volkszählung von 1897 bis
zum Beginn des Jahres 1908 von 1 321 100 auf 1 716 064,
also um 394 964 gestiegen, was im Verhältnis zur Bevölkerungszahl von 1897 eine Zunahme von 30% bedeutet; danach übertrifft die Ziffer der tatsächlichen Zunahme der
Bevölkerung die der natürlichen fast um das Doppelte" [100].

Es fehlen leider jegliche Angaben über die soziale

Struktur dieser Binnenwanderung, die zu so starker Vermehrung der jüdischen Bevölkerung Polens geführt hat und
die nicht einmal durch die Auswanderung aufgewogen wird;
jedoch ist wohl anzunehmen, daß die Binnenwanderer
hauptsächlich den niederen Schichten des Volkes angehören.
Die Ursachen dieser Binnenwanderung sind verschiedener
Art. Zuerst ist zu erwähnen, daß Polen zu den industrie-
reichsten Gegenden im russischen Reich gehört, was immerhin als ein Ansporn zur Einwanderung gelten kann: man
hofft sich irgendwie an der ökonomischen Entwickelung des
Landes beteiligen zu können. Ferner kommt noch ein psy-
chologisches Moment in Betracht. Gerade der Anfang des
20. Jahrhunderts (die Jahre 1903 und 1905) verzeichnet die
schlimmsten Unterdrückungen und Pogrome der russischen
Juden. Diese Pogrome, bei denen die Juden sich nicht
mehr, wie bei den früheren Niedermetzelungen, passiv ver-
hielten, sondern auf Mittel sannen, wie sie sich am besten
wehren könnten, riefen in der jüdischen Bevölkerung einen
instinktiven Drang nach engerem Zusammenschluß hervor.
Und da nun die Dichtigkeit der jüdischen Bevölkerung in
Polen die größte und ihr prozentualer Anteil an der Gesamtbevölkerung auch der höchste ist, ist es wohl verständlich, weshalb sich dort noch größere Massen der Juden konzentriert haben. Außerdem haben die Juden Polens am
wenigsten mit der rein russischen Bevölkerung zu tun.
Die Statistik der Pogrome in Rußland kann uns noch
über eine Ursache der Binnenwanderung der Juden aus dem
europäischen Rußland oder richtiger: aus den übrigen Gouvernements des Ansiedlungsrayons nach Polen aufklären.
Während in ganz Rußland nur in den Oktobertagen 1905
690 Pogrome (darunter 666 im Ansiedlungsrayon) stattgefunden haben, hatte Polen nicht ein einziges Pogrom zu verzeichnen. Und überhaupt haben in Polen nur 6 Pogrome
stattgefunden, wobei eins ganz und gar von den Soldaten
ausgeführt wurde und drei ihrem Umfange nach höchst unbedeutend waren. Die jüdische Selbstwehr hat bei der Vor-
beugung der Pogrome eine große Rolle gespielt [101].
Die allgemeine wirtschaftliche Krisis im russischen
Reiche, die nur von kurzen Zeiten des Aufblühens unter-

brochen war, hat vielleicht auch das ihrige zu dieser Binnenwanderung der Juden beigetragen. Man bedenke nur, daß
die Zahl der russischen Arbeitslosen im letzten Jahrzehnt
ganz enorm gestiegen ist. „Die Frage der männlichen Arbeitslosigkeit gewinnt in Rußland immer akutere Bedeutung.
Schon im Jahre 1900 hatten nur 48% der Bauernbevölke-
rung ausreichend Arbeitsgelegenheit, die übrigen 52% befanden sich im chronischen Zustand der halben resp.
vollständigen Arbeitslosigkeit. Sie fanden für ihre Arbeitskraft weder in dem Landbau noch in der Industrie
Verwendung. Seit jener Zeit ist ihre Zahl um Millionen
gestiegen" [102].

Die ungleichmäßige Verteilung der Juden auf Stadt
und Land ist eine der anormalsten Erscheinungen im Leben
der russischen Juden. Mehr als die Hälfte der jüdischen
Bevölkerung Rußlands wohnt in den Städten, nämlich
2 631 809 = 50,5% der gesamten jüdischen Bevölkerung.
„Die Juden bilden demnach eine städtische Bevölkerung
par excellence" [103]. Innerhalb des Ansiedlungsrayons stellt
sich der Anteil der Juden an der städtischen Bevölkerung
folgendermaßen dar: in Nordwestrußland bilden sie 52,6%
der gesamten städtischen Bevölkerung, in Südwestrußland
40,6%, in Polen 37,7% und in Südrußland 27,9%. Außerhalb des Ansiedlungsrayons ist der städtische Charakter der
jüdischen Bevölkerung noch stärker ausgeprägt: so macht
die jüdische städtische Bevölkerung im europäischen Rußland (ohne Ansiedlungsrayon) 97% der gesamten jüdischen
Bevölkerung aus. —

Wir gehen nun zu der Analyse der sozialen Struktur
des jüdischen Volkes in Rußland über [104]. Nach der amtlichen Volkszählung von 1897 stellt sich die Berufsgliederung der Juden in Rußland folgendermaßen dar:

Tabelle I.

Berufsgliederung der Juden in Rußland.

Berufsgruppe	Berufstätig		Ein-schließ-lich An-gehörigen	In % der jüdischen Bevöl-kerung
	Männer	Frauen		
Landwirtschaft	32 993	4 380	179 400	3,55
Gewerbe	467 890	87 339	1 793 937	35,43
Verkehrswesen	45 493	465	201 027	3,98
Handel	408 330	66 650	1 956 852	38,65
Dienstboten, Tagelöhner, Privatbeamte	62 012	113 738	334 827	6,61
Öffentl. Dienst, freie Berufe	66 874	5 040	264 683	5,22
Unproduktive und unbe-stimmte Berufe	68 583	47 755	278 095	5,49
Militärdienst	53 195	—	54 277	1,07
	1 205 370	325 367	5 063 098	100,00

1 530 737

An erster Stelle steht somit der Handel, eine Erscheinung, die zwar nicht nur für das russische Judentum
eigentümlich ist, die aber angesichts des landwirtschaftlichen
Charakters von Rußland, wo die übrige Bevölkerung sich
mit dem Handel nicht viel beschäftigt, sehr an Bedeutung
gewinnt. So gehörten zu dem Handel im allgemeinen von
je 1000 (Selbständigen und Familienangehörigen) bei den
Juden: 78,9, dagegen bei den Großrussen nur 5,0, bei den
Polen 3,4 und bei den Deutschen 8,4 (bei der Gesamtbevölkerung 9,3). — Vom Gewerbe leben beinahe ebenso
viel Juden wie vom Handel: 35,43%, dagegen — und das
ist das Auffallendste — beschäftigen sich in der Landwirtschaft nur 3,55% der Juden Rußlands.

Wir wollen nun die verschiedenen Gruppen im einzelnen betrachten, und zwar in der Art, daß wir mit der
Landwirtschaft beginnen, nachher zum Handel übergehen,
uns dann den Gewerbetreibenden zuwenden und schließlich uns mit der jüdischen Fabrik und der jüdischen Arbeiterschaft beschäftigen. Und zwar etwas ausführlicher: denn

in der eigentümlichen Entwickelung der jüdischen Industrie
liegt unserer Meinung nach das Grundübel und die Grundursache all der Anormalitäten im jüdischen Leben Rußlands, was jedoch des Näheren später auszuführen sein
wird. Wir schließen dann mit einer kurzen Betrachtung der
Lage der Angehörigen liberaler Berufe, derjenigen Gruppe,
die in Rußland mit dem Namen „Intelligenz" bezeichnet
wird und im geistigen Leben des Landes eine nicht zu unterschätzende Rolle spielt.

Den Kern der jüdischen Landwirtschaft
in Rußland bilden die Ackerbaukolonien, deren Zahl sich
im Jahre 1898 auf 296 belief. Es gab dort 10 550 Familien
gleich einer Gesamtbevölkerung von 63 342 Seelen, die über
ein Areal von 99 696 Desjatin (mehr als 100 000 Hektar)
verfügten. Die Entstehung dieser Kolonien fällt noch in die
Regierungszeit des Zaren Alexander I. (1801—1825) und
seines Nachfolgers Nikolaus I. (1825—1855), die mit den
Juden ihre Ländereien in Neurußland besiedeln wollten.
Später — in der zweiten Hälfte des vorigen Jahrhunderts
— schlug die Stimmung jedoch um, und die jüdischen Ackerbauer wurden unterdrückt; es wurden viele Verbote und
Beschränkungen erlassen, ja durch die „Lustrationskommis-
sionen" von 1872 wurden viele Juden ihres Grundbesitzes
einfach beraubt. Heute erfreuen sich die russischen Kolonien der Nichtbeachtung von seiten der russischen Regierung. Von der Jewish Colonisation Association (ICA)
wurden sie eifrig unterstützt. Im großen und ganzen ist
die Lage dieser Kolonien gut [105].

Außerdem sind noch — nach der Enquete der ICA —
21 521 jüdische Personen in den verschiedenen Sonder-
zweigen der uneigentlichen Landwirtschaft
tätig, und zwar beschäftigen sich mit Gartenbau 11 299 Personen, mit Milchwirtschaft 7 454, mit Tabakbau 1 695, mit
Weinbau 780, mit Bienenzucht 200 und in den sonstigen
Kulturen 93. Die amtliche Statistik verzeichnet ziemlich
viele Juden, die sich in der Forstwirtschaft beschäftigen,
sodaß „die Juden in der Forstwirtschaft annähernd in einem
ihrem Anteil an der Bevölkerung gleichen Prozentsatze beteiligt sind" [106]. Darunter bilden die Mehrzahl die jüdi-

schen Holzfäller. Außerdem ernährt noch die Vieh- und Geflügelzucht 7 124, die Fischerei und Jagd 8 508 Juden; nach der Enquete gibt es noch 4 624 jüdische Grundbesitzer und Pächter.

Die große Mühe, die man darauf verwendet hat, einen richtigen Bauernstand bei den Juden Rußlands ins Leben zu rufen, ist bis jetzt erfolglos geblieben. Abgesehen davon, daß der städtische Jude nicht unmittelbar zum rohen Ackerbau übergehen kann, ist die Hebung der r u s s i s c h e n Bauernschaft die vornehmlichste Aufgabe der russischen Wirtschaftspolitik, sodaß man an die Schaffung eines jüdischen Bauernstandes nicht denken kann. Es kann sich daher nur darum handeln, die schon bestehenden Kolonien zu erhalten und auf Abschaffung aller rechtlichen Bestimmungen, die ihre Entwickelung hemmen, hin zu arbeiten. Die jüdischen Ackerbauer fühlen sich wirtschaftlich ziemlich sicher und haben keinen unmittelbaren Anlaß, auszuwandern. So ist, — um das schon gleich vorwegzunehmen, — der Prozentsatz der Ackerbautreibenden an der Auswanderung ein sehr kleiner. (Im Laufe von 8 Jahren [1899—1906] bildeten die Ackerbautreibenden in der jüdischen Einwanderung nach Amerika nur 0,67% [107]). Außerdem fällt ihre Auswanderung unmittelbar in die Zeit nach den Pogromen, so daß sie nicht eine dauernde, systematische, sondern nur eine zufällige Erscheinung in der jüdischen Auswanderung bildet.

Vom H a n d e l leben 38,65% der jüdischen Bevölkerung Rußlands. Nach der amtlichen Volkszählung (1897) waren die Juden in verschiedenen Handelszweigen wie folgt tätig (siehe Tabelle II p. 84). Aus der Tabelle ersehen wir, daß die erste Stelle der Handel mit landwirtschaftlichen Produkten einnimmt (11,59%); zählen wir noch dazu den Getreide- und Viehhandel, der auch zur Landwirtschaft gehört, so ergibt sich, daß nicht weniger als 894 507 Juden, d. h. etwa 46% aller überhaupt vom Handel lebenden Juden diesem Handelszweige angehören. Bei dem landwirtschaftlichen Charakter des russischen Staates kann eigentlich eine solch starke Entwickelung dieses Handelszweiges nicht Wunder nehmen; trotzdem ist sie eine anormale Er-

Tabelle II.
Die Handelstätigkeit der Juden in Rußland.

	männlich	weiblich	Zu-sammen	Ein-schließlich jüdischen Ange-hörigen	In % der jüdischen Be-völkerung
Kredit- u. Handels-institute	2300	109	2409	7785	0,15
Getreidehandel . .	46483	2480	48963	221583	4,38
Viehhandel . . .	15743	172	15915	78614	1,55
Handel mit sonstigen landwirtschaft-lichen Produkten	115351	29715	145066	587310	11,59
Gewerbe u. Kleider	38460	5712	44172	158837	3,14
Leder, Pelzwaren usw.	11774	777	12551	54704	1,08
Metalle, Maschinen, Waffen	6308	562	6870	27826	0,55
Haushaltungsgegen-stände	4810	1042	5852	21820	0,43
Bau- und Heizma-terialien . . .	27050	662	27712	122068	2,41
Buchhandel, Kunst-, Luxus- u. Kultur-gegenstände . .	2809	299	3108	11158	0,22
Sonstige Handels-zweige	6953	620	7573	27618	0,55
Hausierhandel . .	14827	5058	19885	69721	1,38
Restaurants, Hotels	8535	1971	10506	43206	0,85
Geistige Getränke .	10885	1334	12219	56662	1,12
Handel ohne nähere Bezeichnung . .	80618	15568	96186	398366	7,87
Handelsvermittlung	15424	569	15993	69574	1,38
	308300	66750	474950	1956852	33,65

scheinung, da die Juden nicht gleichmäßig über das ganze Gebiet des russischen Reiches zerstreut, sondern in einige wenige Gouvernements eingepfercht sind, wo noch nicht einmal der Ackerbau, sondern die Industrie die ausschlaggebende Stellung im Wirtschaftsleben einnimmt. Somit

aber leidet auch der Handel mit den Produkten der Landwirtschaft stark an Überfüllung. Am besten steht noch der
Getreidehandel, der fast ausschließlich von den Juden betrieben wird.

Die zweite Stelle nimmt der Handel „ohne nähere Be-
stimmung" ein (7,87°/₀), d. h. der Handel mit solchen
Waren, die jede Woche, ja jeden Tag wechseln. Die
Handeltreibenden dieser Gruppe verfügen über keine ge-
nügenden Kapitalien, die es ihnen möglich machten, viel
Waren irgend einer Art anzukaufen, um einen kleinen
Laden zu eröffnen; sie handeln darum mit verschiedenen
Gegenständen, die sie irgendwo und irgendwie billig er-
standen haben. Haben sie sie gut verkauft, so können sie
ihr Geschäft etwas erweitern; doch macht die gegenseitige
Konkurrenz gute Geschäfte zu einem sehr seltenen Ding,
und so leben diese Händler meistens in sehr kümmerlichen
Verhältnissen.

Der Gewebe- und Kleiderhandel nimmt die dritte Stelle
ein (3,14°/₀). Gerade in diesem Zweige herrscht der schärfste
Konkurrenzwettbewerb. — Den Handel mit Luxusartikeln,
Liebhaberwaren, teuren Galanteriewaren u. dgl. betreiben
die Juden sehr wenig (0,22°/₀); auch sind sie am Handel mit
Rohmaterialien und Halbfabrikaten verschwindend wenig
beteiligt.

Im übrigen ist der jüdische Handel viel entwickelter,
als es bei den russischen Händlern des Landes der Fall ist.
„Die jüdischen Kaufleute beziehen ihre Waren möglichst
aus ersten Händen. Es geht viel lebhafter zu, die Konkurrenz ist sehr entwickelt, das Kreditsystem ziemlich ausge-
dehnt. Der jüdische Kaufmann zieht den schnellen Umsatz
vor, wenn ihm auch nur ein minimaler Gewinn übrig
bleibt" [108]. B l i o c h führt dies auf den Kapitalmangel der
Juden zurück. „Der jüdische Kaufmann sucht sein Geschäft möglichst auszudehnen, er steckt sein ganzes Vermögen in die Unternehmung hinein, er nützt alle Kredit-
möglichkeiten aus und macht von ihnen vollen Gebrauch,
so daß er oft nicht über Reservekapitalien verfügt. Er wird
daher manchmal genötigt, sogar unter den Selbstkosten zu
verkaufen, um die Möglichkeit zu haben, seinen Verpflich-

tungen nachzukommen" [109]. Darum kommen auch Zahlungs-
einstellungen bei den jüdischen Kaufleuten verhältnismäßig
selten vor. Die kaufmännische Begabung, die der jüdische
Kaufmann an den Tag legt, ist erstaunlich, und was S o m -
b a r t über den jüdischen Händler in Galizien gesagt hat,
„daß an seinem winzigen Ladentischchen mehr kaufmänni-
scher Geist verbraucht wird, als in Westeuropa dazu gehört,
eine Aktiengesellschaft mit 30 Millionen Mark zu leiten" [110],
kann auch auf den jüdisch-russischen Kaufmann angewendet
werden.

Die Zahl der jüdischen G r o ß k a u f l e u t e ist nicht
groß, obgleich die Statistik 71 848 Personen angibt, die zum
Kaufmannsstande gehören, d. h. eine ziemlich große Gewerbesteuer bezahlen und mit ihren Familienangehörigen
in die Kaufmannsgilden eingetragen sind. Diese Eintragung
gewährt das Wohnrecht in ganz Rußland, weshalb nicht nur
Kaufleute, sondern auch viele Industrielle die Steuer bezahlen, um des bedeutungsvollen Rechts teilhaftig zu
werden. Auch tun dies nicht nur die G r o ß kaufleute.
„Die Gildensteuer bedeutet für den Juden oft nur eine Be-
steuerung des Wohnrechts, liefert aber für den Umfang
seines Geschäftes nicht immer einen Beweis" [111].

Der Geldhandel ist bei den Juden Rußlands verhältnismäßig wenig verbreitet und hat bei weitem nicht die Bedeutung, welche er in Westeuropa besitzt.

Überblicken wir die Lage des jüdischen Handels in
Rußland, so drängt sich uns dreierlei auf, nämlich: 1. Über-
füllung, 2. zu starke, nicht immer den Handel fördernde
Konkurrenz und 3. Beschränkung der Gegenstände des
Handels auf Waren niederer Art und Gegenstände des un-
mittelbaren Verbrauchs. Abgesehen vom Getreidehandel be-
treiben die Juden vornehmlich den Kleinhandel; all die
Handelsartikel der jüdischen Händler werden in kleinen
Massen angekauft und sofort an den Konsumenten ab-
gesetzt.

Was die Entwickelungstendenzen des jüdischen Handels in Rußland anbetrifft, so ist eine Besserung einstweilen
nicht zu erwarten. Solange die ökonomische Entwickelung
Rußlands auf verschiedene — hier nicht zu untersuchende

— Weise gehemmt wird und die rechtlichen Beschränkungen hinsichtlich des Wohnrechts der Juden nicht aufgehoben werden, ist auch das Eintreten besserer Zeiten für den jüdischen Handel sehr unwahrscheinlich. Und doch ist es gerade der jüdische Handel, der von der Gleichberechtigung der Juden mit der übrigen Bevölkerung Rußlands am meisten zu erwarten hat. Denn ein Bedürfnis nach einem guten Kaufmannsstande wird sich in Rußland in der Zukunft noch mächtig geltend machen, wobei der jüdische Händler mit seiner hervorragenden kommerziellen Begabung trotz allem den Konkurrenzkampf zu bestehen im Stande sein wird. Das verstehen i n s t i n k t i v die jüdischen Händler schon heute sehr wohl: obwohl ihre Lage im großen und ganzen ziemlich schlecht ist, wandern sie nicht aus; ihr prozentualer Anteil an der Emigration, verglichen mit ihrer Zahl im Auswanderungslande, ist ein sehr geringer. Doch darüber wird im nächsten Kapitel des Näheren auszuführen sein. —

Die Überfüllung des Handels ist zum Teil aus der anormalen Entwickelung der jüdischen Gewerbe zu erklären. Wir gehen darum im Folgenden zur Schilderung der Lage d e s j ü d i s c h e n H a n d w e r k s in Rußland über.

Wir haben schon gesehen, wie die Juden, die nach Polen einwanderten, dort eine privilegierte Stellung einnahmen. Sie haben sich dort auch selbständig organisiert, und eine der dauerhaftesten Organisationen waren die „K a h a l s" — Selbstverwaltungskörperschaften, deren Entstehung noch ins 15. Jahrhundert fällt und die erst im Jahre 1844 aufgehoben wurden [112]. Das jüdische Handwerk schloß sich dieser Organisation an, die alle jüdischen Privilegien monopolisierte und darum auch die Pflicht hatte, sie zu verfechten. So wurde unter der Ägide des Kahals die jüdische Zunft geschaffen, die sich von der christlichen nur dadurch unterschied, daß sie ein Teil des Kahals und von den allgemeinen Kahalinteressen vollständig abhängig war.

Die Lage des jüdischen Handwerks war, solange es noch fest organisiert und vor der fremden — hauptsächlich polnisch-littauischen — wie vor der gegenseitigen Konkur-

renz geschützt war, eine verhältnismäßig gute. Das hat
sich verändert mit der Aufhebung der Kahalorganisa-
tion, als nunmehr die Handwerker ohne starke Organisation im freien Spiel der wirtschaftlichen Kräfte sich durchsetzen mußten. Zwar vereinigen sie sich nach der Aufhebung der Zünfte in C h e w r a , d. h. Genossenschaften,
die jedoch keinen öffentlich-rechtlichen Charakter mehr
tragen, sondern nur freie Vereinigungen bilden; diese Ver-
eine sind aber nicht im Stande, das ganze Handwerk zu
organisieren, zumal bei ihnen nicht das wirtschaftliche, sondern hauptsächlich das religiöse und charitative Moment die
Hauptrolle spielt. Eine große Bedeutung im Leben der
jüdischen Handwerker haben sie nicht [113].

Über die rechtliche Lage der jüdischen Handwerker in
Rußland haben wir schon am Anfange des Kapitels Einiges
erfahren. Die Verleihung des Rechts an Handwerker, ihren
Beruf frei in ganz Rußland auszuüben (1865), fällt gerade
in die Zeit, als in Rußland die ersten Ansätze zum Kapitalismus sich zeigten; Rußland — hauptsächlich das innere
Rußland — brauchte damals gelernte Arbeiter, wie Arbeiter
überhaupt. Die Motivierung des Gesetzgebers bei der Verleihung des Wohnrechts spricht das ganz deutlich aus:
„Nicht nur sollte der Abzug zahlreicher Handwerker aus
dem Rayon, wo deren Zusammenpferchung mit christlichen
wie jüdischen Berufsgenossen durch die übergroße Konkurrenz schwer geschädigt und den Arbeitslohn wie die Preise
auf ein Minimum herabgedrückt hatte, hierin eine Besserung
herbeiführen, sondern es sollte auch dem Mangel an Handwerkern in mehreren innerrussischen Gouvernements ab-
geholfen werden" [114].

Als später in den russischen Städten infolge der
Bauernbefreiung sich größere Bauernmassen konzentriert
hatten, die nunmehr für den sich entwickelnden russischen
Kapitalismus eine eigene russische Arbeiterarmee bildeten
und aus ihrer Mitte auch das städtische russische Handwerk
hervorbrachten, wurde der jüdische Handwerker, der teue-
rer und unbequemer war, als der russische, überflüssig.
Außerdem lag es im direkten Interesse der russischen
Volkswirtschaft — aber auch der Regierung (politische Mo-

mente), — daß lieber der durch die Befreiung verarmte und verschuldete [115] und schließlich in die Stadt gezogene Bauer die Arbeit bekäme, als der jüdische Handwerker, dem nunmehr der Abzug aus dem Ansiedlungsrayon möglichst erschwert wurde. So blieb das allgemeine Wohnrecht der jüdischen Handwerker infolge der ökonomischen Entwickelung Rußlands auf dem Papiere stehen, ja, es fing sogar die direkte Vertreibung der jüdischen Handwerker aus einigen Gebieten und Städten Rußlands an. (So aus Moskau im Jahre 1891.)

Wir wenden uns nun der heutigen Lage der jüdischen Handwerker zu.

Es gibt nach der Volkszählung von 1897 in Rußland 555 229 jüdische Gewerbetreibende, die mit ihren Familienangehörigen 1 793 937 = 35,43% der gesamten jüdischen Bevölkerung ausmachen. Mehr als eine halbe Million jüdischer Gewerbetreibenden (93,3%) sind im Ansiedlungsrayon konzentriert, wobei wiederum die Mehrzahl von ihnen nicht auf dem Lande, sondern in Städten wohnt.

Aus der Tabelle III (p. 90) — nach der amtlichen Statistik — die uns über die Zahl und den prozentualen Anteil der Juden an verschiedenen Gewerbearten im Ansiedlungsrayon Auskunft gibt, geht hervor, daß die Juden vornehmlich in den Endstadien der Produktion beschäftigt sind, d. h. hauptsächlich Gebrauchsgegenstände verfertigen, die unmittelbar an den Konsumenten abgehen, während die Produktion der Produktionsmittel und etwa die Kohlenproduktion für die Juden fast vollständig geschlossen sind.

Die Zahl der Handwerker nach der Enquete der ICA beläuft sich auf 500 986 Personen. Es gibt in 1 200 Orten des Ansiedlungsrayons:

	Meister	Gesellen	Lehrlinge	Im ganzen
Männliche . .	229485	115784	79169	424438
Weibliche . .	29911	24744	21893	76548
Summa	259396	140528	101062	500986

Doch ist in Wirklichkeit die Zahl der jüdischen Handwerker größer, da die Enquete nicht alle Handwerker der

Tabelle III.
Das Gewerbe im Ansiedlungsrayon.

Gewerbearten	Zahl der Gewerbetreibenden im Rayon		
	Alle	Juden	Verhältnis der Juden zu allen Gewerbetreib. in %
Metallgießer	5 338	31	0,6
Erze und Gruben	49 836	975	2,0
Verschiedene	40 007	2 804	7,0
Wagen- und Schiffbau	2 533	225	8,9
Forstwesen und Forstgewerbe . . .	25 729	3 200	12,4
Verarbeitung von Mineralien	41 464	5 187	12,5
Körperpflege und Hygiene	49 154	8 541	17,4
Textilindustrie	173 000	33 200	19,1
Baugewerbe	193 471	36 911	19,1
Metallverarbeitung	189 499	40 082	21,2
Branntweinbrennerei und Bierbrauerei	17 031	3 664	21,5
Holzverarbeitung	152 327	41 359	27,2
Chemische Industrie	19 083	6 514	34,1
Nahrungs- und Genußmittel	128 811	44 796	34,8
Kunst- und Luxusgewerbe	12 075	5 263	43,6
Bearbeitung tierischer Produkte . .	46 574	20 446	43,9
Bekleidung	458 757	235 993	51,4
Polygraph. Gewerbe, Papier-Industrie	23 163	13 733	59,3
Sonstige Getränke und Gärungsstoffe	3 681	2 313	62,9
Instrumente, Apparate, Uhren . . .	7 875	5 240	66,5
Tabakindustrie	10 331	7 597	73,5
	1 650 359	518 074	31,4

1 200 Orte berührt und sogar einige große Städte überhaupt nicht in ihren Bericht gezogen hat.

Die Stellung dieser Handwerker in der Produktion wird am besten durch die von M a r g o l i n [116] auf Grund der Enquete der ICA aufgestellte Tabelle veranschaulicht. Sie gibt Angaben über 25 Berufe, in denen 88,7% jüdischer Handwerker tätig sind. (Siehe Tabelle IV, p. 91.)

Wiederum tritt uns die Erscheinung entgegen, daß „die jüdischen Handwerker sich hauptsächlich mit der Verferti-

Tabelle IV.

Angaben über 25 Berufe, in denen 88,7% jüdischer Handwerker gegliedert sind.

Vorstadien der Produktion		Endstadien der Produktion		
Prozentuales Verhältnis zur gesamten jüdisch. Handwerkerzahl	Berufe	Prozentuales Verhältnis zur gesamten jüdisch. Handwerkerzahl	Berufe	
—	—	4,4	Metzger	
—	—	4,6	Bäcker	
1,7	Weber	19,1	Schneider	
—	—	6,5	Schneiderinnen	
—	—	3,8	Weißnäherinnen	
—	—	3,2	Kürschner	
—	—	1,5	Strumpfwirker	
—	—	1,2	Färber	
1,4	Gerber	14,4	Schuhmacher	
—	—	6,0	Tischler	
—	—	2,3	Zimmerer	
—	—	1,6	Maler	
—	—	1,1	Schlosser	
—	—	3,1	Schmiede	
—	—	2,4	Klempner	
—	—	1,3	Glaser	
—	—	2,2	Ofensetzer	
—	—	1,0	Sattler	
—	—	1,4	Buchbinder	
1,2	Tabakschneid.	1,0	Uhrmacher	
—	—	1,1	Klavierstimmer u. Musikant. [1]	
—	—	1,2	Friseure [1]	
Im ganzen 4,3		84,4		

Summa	88,7%

[1] Streng genommen darf man die Musikanten und Friseure nicht zu den Handwerkern zählen, da ihre Tätigkeit in die Kategorie der persönlichen Dienste gehört.

gung von Gebrauchsgegenständen beschäftigen und in den
Gewerben, die der Erzeugung von Produktionsmitteln
dienen, fast gar nicht vertreten sind" . . . daß „die Juden
diejenigen Gewerbe ausfüllen, die die Endstadien der Produktion bilden" [117].

Eine besonders starke Beteiligung der jüdischen Handwerker an der Bekleidungsindustrie (nach der amtlichen
Statistik bilden sie 19,1% und nach der Enquete der ICA
25,6% aller jüdischen Handwerker) kann zum Teil dadurch
erklärt werden, daß der jüdische Handwerker oft nicht genug Mittel hat, um selbst Stoffe anzukaufen, während dieser
im Schneidergewerbe in vielen Fällen vom Besteller ge-
liefert wird. Dazu kommt, daß die Hauptabnehmerin der
Produkte des jüdischen Handwerks — die Bauernschaft —
der Erzeugnisse der Schneider am meisten bedarf. Und
außerdem läßt sich gerade im Schneidergewerbe die Heimarbeit am leichtesten durchführen. Damit kommen wir auf
die technische Organisation des jüdischen Handwerks zu
sprechen. Ihre Eigentümlichkeit besteht in dem Hinzutreten des Magazinunternehmers zwischen Handwerker und
Konsumenten. Der kleine jüdische Handwerker, der sich
den Modeschwankungen in der Stadt nicht gewachsen fühlt
und die differenzierten Bedürfnisse der Städter nicht mehr
befriedigen kann, gerät mehr und mehr in Abhängigkeit
vom Magazinunternehmer, d. h. vom handeltreibenden Kapital. Der Magazinunternehmer kann die Lage des Marktes
besser übersehen, er kann auch den Modeschwankungen
besser folgen, er kann leichter schlechte Zeiten überstehen
— und schließlich sind die Produktionskosten für ihn geringer, als für den einzelnen Handwerker. Denn der Magazinunternehmer — der Verleger — führte ins jüdische
Handwerk die Heimarbeit ein, die den Handwerker auf eine
niedrigere ökonomische Stufe herabdrückte und dem Verleger das Produkt verbilligte. „Die Einschiebung des
Handelskapitals in die Organisation des Absatzes bildet den
ersten Grundstein im System der Heimarbeit, welches sich
immer mehr und mehr des jüdischen Handwerks bemäch-
tigt. Es besteht darin, daß die wirtschaftliche Leitung des
Betriebes sich in den Händen einiger kapitalistischer Unter-

nehmer konzentriert, die den Absatz der Handwerkserzeugnisse im großen Umfange organisieren, die Produktion aber
unter einer Masse zu Hause arbeitender kleiner Handwerker
zerstreut bleibt . . . Um die Arbeitsbedingungen noch vorteilhafter für sich zu gestalten, sucht der Magazinunternehmer der großen Städte die Handwerker der Flecken in
die Hausindustrie hineinzuziehen, die infolge billiger
Lebensmittel im Stande sind, sich mit einem niedrigeren
Lohn zu begnügen. Dieselben bekommen vom Magazinunternehmer Bestellungen durch die Vermittlung zahlreicher rei-
sender Kommissionäre. Es entsteht auf diese Weise eine
eigentümliche Industrieart, die in einigen großen Zentren
die Handwerkserzeugnisse Tausender in zahlreichen Orten
und Flecken zerstreuter Handwerker konzentriert und die
wirtschaftliche Leitung dieser Kollektivarbeit einer verhältnismäßig kleinen Kapitalistenzahl überläßt" [118].

Diese Hausarbeit hat die Selbständigkeit und Unabhängigkeit des jüdischen Handwerks zu nichte gemacht; sie
bemächtigte sich mehr als der Hälfte der jüdischen Handwerker (50,7%) und verschlechterte gründlich ihre Lage.
Einzelne Handwerker haben ihre Selbständigkeit noch dadurch bewahrt, daß sie zu Wanderhandwerkern wurden; so
sind im Ansiedlungsrayon das Lohnwerk oder die Stör ziemlich stark verbreitet. Nur bildet ein solcher Übergang gleichzeitig den Übergang zu niederer Arbeit; die Erzeugnisse
eines solchen Wanderhandwerkers sind grob und plump; er
muß verstehen, sich den verschiedenen Bedürfnissen, die
allerdings nicht gerade übermäßig fein sind, anzupassen.
Sein Lohn bleibt darum dementsprechend gering.

Das Hauptproblem im Leben des jüdischen Handwerks
besteht jedoch nicht in der schlechten Lage dieser Wander-
handwerker, sondern in dem System der Heimarbeit. Daß
das Dazwischentreten des Magazinunternehmers die Lage
des jüdischen Handwerkers an einigen Orten bis zur Un-
erträglichkeit verschlechtert hat, wird wohl von allen —
abgesehen vielleicht von den Verlegern selbst — zugegeben.
So dauert der Arbeitstag des Schneiders in einigen Betrieben 14—16 Stunden; der Verdienst eines Meisters beträgt
dabei nicht mehr als 125—150 Rubel jährlich und der des
Gesellen nicht mehr als 40 Kopeken täglich.

Doch hofft man auf die gute Zukunft des jüdischen Handwerks, wobei man folgendermaßen argumentiert: „Diese Umgestaltung (die durch Hinzutreten des Handelskapitals und Begründung der Heimarbeit gekennzeichnet wird) hätte dennoch keine so umfassende Bedeutung gehabt, wenn nicht zugleich ein anderer tiefer Umschwung im jüdischen Handwerk sich vollzogen hätte. Dieser Umschwung bezieht sich auf die soziale Struktur der Konsumenten der Handwerkserzeugnisse. Während des letzten Jahrzehnts hat sich das jüdische Handwerk sozusagen demokratisiert, eine Richtung nach den Bedürfnissen und Forderungen der breiten Bevölkerungsmassen eingeschlagen, es hat sich zur Produktion für den Massenkonsum umgewandelt" [119]. Nun wird darauf hingewiesen, daß die nach Millionen zählenden Bauern die Abnehmer für die Erzeugnisse des jüdischen — wohl bemerkt: in der Hausindustrie kapitalistisch organisierten — Handwerks sind, und daß folglich mit der Steigerung des bäuerlichen Wohlstandes sich die Nachfrage vergrößert, ergo die Nachfrage nach jüdischen Handwerkern; dadurch wird aber eine Verbesserung in seinen Existenzbedingungen eintreten. „Kein einziger Industriezweig hat so sehr, wie gerade dieses jüdische Gewerbe, unter der Finanzpolitik des ablebenden Regimes . . . gelitten, und kein einziges Gewerbe in Rußland wird so sehr durch den Sieg der neuen Prinzipien aufblühen" [120].

Uns scheint diese Beweisführung nicht stichhaltig und ihr Optimismus verfehlt. Denn, wenn die Lebensbedingungen der russischen Bauernschaft sich verbessern und ihre Kaufkraft sich vergrößert, wenn ferner die „neuen Prinzipien" duchgeführt werden und die rechtliche Lage der Juden in Rußland nicht mehr einen Ausnahmezustand bilden wird — dann wird gleichzeitig auch die ganze Volkswirtschaft Rußlands aufblühen und mit ihr die Textil- und Schuhindustrie — Hauptzweige des jüdischen Handwerks — die nunmehr den sicheren Untergang des jüdischen Handwerks herbeiführen werden. Denn es ist sicher anzunehmen, daß Rußland keine Ausnahme bilden wird: so wird es dem jüdisch-russischen Handwerk ebenso ergehen, wie es dem Handwerk in Westeuropa ergangen ist; d. h. es wird

nicht im Stande sein, der Konkurrenz des Maschinen-
betriebes Stand zu halten. Besonders gilt das von dem Bekleidungsgewerbe, das die Hauptmasse der jüdischen Handwerker beschäftigt. Es ist doch bekannt, daß gerade in
diesem Zweige die Zahl der Handwerksbetriebe zurückgeht.
So betrug die Zahl der Hauptbetriebe bei den Schneidern
in Deutschland [121]

im Jahre	1882	211 603
„ „	1895	265 413
„ „	1907	257 556.

Die Zahl der Hauptbetriebe bei den Schuhmachern betrug

im Jahre	1882	247 779
„ „	1895	237 160
„ „	1907	181 474.

Daß „Rußland das einzige Land ist, das bis jetzt keine
Blüte des Handwerks gekannt hat" [122], beweist nicht viel.
Muß denn Rußland diese Blüte unbedingt noch erleben?
Besteht die Eigentümlichkeit junger Nationen, die erst später in den Kreis der Kulturvölker eintreten, nicht gerade
darin, daß sie nicht all das durchmachen müssen, was ältere
Völker durchgemacht haben, kurz: daß sie die Erfahrung
der älteren Völker akzeptieren? Die jüngeren Völker überspringen manche Entwickelungsphasen und gehen direkt zu
höheren Produktionsmethoden über. Ein Beispiel für ein
solches „Überspringen" haben wir schon in der Tatsache,
daß die russische Textilindustrie sich von vornherein in den
Dörfern festsetzt und die Stadt meidet — ohne den „Exodus" durchzumachen, den die Industrie in Westeuropa an-
getreten hat. Doch wird diese Standortsfrage der russischen Industrie noch unten ausführlicher besprochen
werden.

Daß die Lage der in der Hausindustrie kapitalistisch
organisierten jüdischen Handwerker durch die sozial-poli-
tische Einwirkung gebessert werden kann, soll freilich nicht
geleugnet werden. Doch darf man von solchen sozial-poli-
tischen Maßnahmen nicht allzuviel erwarten; es ist doch
allzubekannt, wie solche Maßnahmen gerade auf dem Gebiete der Hausindustrie schwer durchführbar sind.

Halten wir fest: der jüdische Handwerker hat durch

das Dazwischentreten des Handelskapitals (des Magazinunternehmers, des Verlegers) und durch die Einführung der
Heimarbeit seine Selbständigkeit völlig verloren. Seine ökonomische Existenz hat sich gründlich verschlechtert, wobei
es, ebenso wie der jüdische Handel, stark unter Überfüllung
leidet. Mit dem in der Zukunft sicher zu erwartenden Aufblühen der russischen Landwirtschaft und Industrie wird
sich seine Lage höchstwahrscheinlich noch verschlechtern:
denn mit dem Fortschritt der Technik in der gesamten Produktion des Landes wird es womöglich noch die Absatzmärkte verlieren, die es einstweilen innehat.

Es ist nur verständlich, daß der jüdische Handwerker,
der so zum Heimarbeiter herabsinkt, am meisten an der
Auswanderung interessiert ist. Er füllt auch in einem sehr
hohen Prozentsatze die Reihen der jüdischen Auswanderer.

Die Verwandlung des jüdischen Handwerkers in einen
Heimarbeiter ist eigentlich kein natürlicher Vorgang; in Westeuropa haben wir meistens einen anderen Prozeß beobachtet,
nämlich die Verwandlung der Handwerker in Industriearbeiter. Und dieser Vorgang wäre der natürliche auch in
Rußland gewesen, wenn nicht die Entwickelung der jüdischen Volkswirtschaft in Rußland einige Eigentümlichkeiten
aufwiese, die unserer Meinung nach die Grundursache all
der Anormalitäten im Leben der russischen Juden bilden.

Diese Grundursache — dieses Grundübel — besteht in
der gehemmten Entwickelung der jüdischen Fabrik, in der
daraus folgenden Rückständigkeit ihrer Produktionsmethoden und in den Hindernissen, die der Proletarisierung der
jüdischen Arbeitermassen entgegenstehen.

Wir wenden uns der jüdischen Fabrik zu.
Tabelle V (siehe p. 97) gibt uns eine lehrreiche Über-
sicht über die Verteilung der jüdischen und nicht jüdischen
Fabriken im Ansiedlungsrayon, wobei der letztere nach der
Höhe der ökonomischen Entwickelung und der Art der Pro-
duktion in drei Gebiete eingeteilt ist.

Im nordwestlichen Rayon, der wirtschaftlich, abgesehen
vom Gouvernement Grodno, sehr zurückgeblieben ist, sind

Tabelle V.

Vergleichende Tabelle der Fabriken mit jüdischen und nicht jüdischen Inhabern für das Jahr 1897.

Gouvernement	Zahl der Fabriken			Beschäftigte Arbeiter			Wert der Produkte			Durchschnittswert d. Produktion i. Rubel	
	im allgemeinen	jüdische	Letztere in %	in allen Fabriken	in den jüdischen	Letztere in %	in allen Fabriken	in den jüdischen	in %	einer nicht jüdischen Fabrik	einer jüdischen Fabrik
I. Im nord-westlichen Rayon											
Wilna	355	178	50,1	7290	4281	58,9	11588000	6900000	60,0	26500	38000
Witebsk . . .	304	120	39,4	4861	2200	45,5	5731000	1936000	33,8	20600	16100
Grodno . . .	843	575	68,2	17967	11598	64,6	21645000	11160100	51,6	39100	19400
Kowno . . .	269	134	49,8	4179	1543	36,9	6639400	2731200	41,1	28900	20300
Minsk . . .	496	209	42,0	8450	5119	64,6	8618100	4448500	51,6	14500	21300
Mohilew . .	482	186	38,6	8912	5364	60,2	8697000	2786500	32,0	20000	15000
Im ganzen Rayon	2749	1402	51,0	51659	30105	58,0	62918500	29962900	47,6	24460	21370
II. Im süd-westlichen Rayon											
Wolynien . .	891	409	45,9	14774	6544	44,3	23824200	7315800	30,7	34200	17900
Kiew . . .	992	347	35,0	49920	15933	32,0	62587300	21334800	34,1	63900	61500
Podolien . .	738	157	21,3	24019	1492	6,2	37043300	3055500	8,2	58500	19500
Poltawa . .	347	152	43,8	5943	2499	42,0	14655000	10060000	68,6	23600	66200
Tschernigow .	406	78	19,2	14113	1672	11,8	21319600	1173800	5,5	61400	15100
Im ganzen Rayon	3374	1143	33,9	108769	28142	25,9	159429400	42939900	27,0	52200	37600
III. Im südlichen Rayon											
Bessarabien . .	377	106	28,1	3484	1070	30,7	14273400	4246800	29,8	37000	40100
Ekaterinoslaw .	812	201	24,8	57595	3045	5,3	155722800	10713100	6,9	237300	53300
Taurien . . .	438	81	18,5	13695	1147	8,4	12604400	3320800	26,4	26000	41100
Im ganzen Rayon	1627	388	23,9	74775	5262	7,0	182600600	18280700	10,0	132600	47000

die Fabriken mit jüdischen wie nichtjüdischen Inhabern relativ klein und die Differenz zwischen ihnen nicht groß. Die Zahl der jüdischen Fabriken bildet 51%, die Zahl der in ihnen beschäftigten Arbeiter 58%, der Wert der in diesen Fabriken hergestellten Produkte $47,6\%$ des Gesamtproduktes. Doch ist der Durchschnittswert der Produktion (in Rubeln) in einer nichtjüdischen Fabrik 24 460 und in einer jüdischen nur 21 370. Die Differenz ist zwar nicht groß, zeigt aber klar, daß auch in diesem Rayon die jüdische Fabrik hinter der nichtjüdischen zurücksteht.

Im südwestlichen Rayon, wo die Industrie viel entwickelter ist und der Großbetrieb vorherrscht, ist der Unterschied zwischen einer jüdischen und nichtjüdischen Fabrik ein viel größerer. Die Zahl der jüdischen Fabriken bildet nur $33,9\%$, die Zahl der in ihnen beschäftigten Arbeiter $25,9\%$, der Wert der in diesen Fabriken hergestellten Produkte $27,0\%$ des Gesamtproduktes; während der Durchschnittswert der Produktion in einer nichtjüdischen Fabrik sich auf 52 200 R. beläuft, erreicht er in einer jüdischen Fabrik nur die Höhe von 37 600 Rubel.

Die Differenz wird eine ganz gewaltige im südlichen Rayon, wo der Großbetrieb durchaus vorherrscht und die Metallverarbeitung die erste Stelle einnimmt. Hier ist der Prozentsatz der jüdischen Fabriken bedeutend kleiner: $23,9\%$. Noch schlimmer steht es mit der Zahl der in ihnen beschäftigten Arbeiter: sie bilden nur $7,0\%$ der gesamten Arbeiterschaft. Der Wert der von den jüdischen Fabriken hergestellten Produkte bildet nur 10% des Gesamtproduktes. Während der Durchschnittswert der Produktion in einer nichtjüdischen Fabrik 132 600 Rub. beträgt, erreicht der der jüdischen Fabrik nur die Summe von 47 000 Rub.

Man kann sagen: je größer der Betrieb wird, und je mehr sich der Gegenstand der Industrie der Urproduktion nähert, desto kleiner wird der Anteil der jüdischen Fabrik an der gesamten Produktion. Das ist die Schlußfolgerung, die uns die Statistik unerbittlich aufzwingt [123].

Wir unterlassen hier die nähere Beschreibung der jüdischen Industrie. Es sei nur noch ganz kurz erwähnt, daß die Juden im nordwestlichen Rayon, der sehr waldreich ist,

sich ziemlich viel mit dem Holzgeschäft befassen. Die Säge-
mühlen befinden sich meistens in jüdischem Besitz. — In
anderen Gebieten bildet die Kornmühle den Gegenstand
vieler jüdischer Unternehmungen; die Windmühle und
Wassermühle sind am meisten verbreitet, im südlichen
Rayon kommt die Dampfmühle hinzu. — An der Zucker-
industrie beteiligt sich das jüdische Kapital in einem
sehr hohen Maße, ebenso an der Tabakverarbeitung. — In
Polen beschäftigt sich das jüdische Kapital natürlich hauptsächlich in der Textilindustrie; jedoch stehen die jüdischen
Fabriken, was die Technik und die Größe des Betriebes anbetrifft, auf einer sehr niedrigen Stufe. —

Was ist die Ursache dieser unvollkommenen Entwickelung der jüdischen Fabrik? — Das ist eine der Kardinal-
fragen des jüdischen Lebens.

Die Regierungskommission, die im Jahre 1883 eingesetzt
wurde, als man die Revision der Judengesetzgebung beab-
sichtigte, stellte den Kapitalmangel als die Ursache der besprochenen Erscheinung fest. „Der verhältnismäßig kleinere
Umsatz der jüdischen Fabriken erklärt sich dadurch, daß
die Juden nicht über ausreichende Kapitalien verfügen, die
zu einem Großunternehmen nötig sind."

Die Erklärung trifft im großen und ganzen zu, ist aber
nicht ausreichend. Es ist richtig, daß die Juden keine ge-
nügende Kapitalien haben, die es ermöglichten, von vornherein einen Großbetrieb einzuführen. Doch dreht sich die
Sache viel mehr um die Frage, warum die Juden, wenn sie,
durch Kapitalmangel gezwungen, klein anfangen, es nicht
fertig bringen, den Betrieb zu erweitern, sich auf eine höhere
industrielle Stufe emporzuarbeiten? Es kommt nicht so
sehr auf den Anfang, auf die Gründung einer Fabrik an, als
vielmehr auf i h r e E n t w i c k e l u n g. Daß die jüdischen
Fabriken mit Verlust arbeiten, ist nicht anzunehmen, sodaß
etwa die schlechte Rentabilität des Unternehmens seine Ver-
größerung hinderte. Vielmehr sind hier noch andere Momente zu berücksichtigen.

B l i o c h führt die Rückständigkeit der jüdischen
Unternehmungen auf psychologische Motive zurück. „Die
jüdischen Fabriken werden nicht massiv gebaut, leicht und

flüchtig, als wären sie nur für kurze Zeit bestimmt. Zum Teil erklärt es sich dadurch, daß bei der rechtlichen Unsicherheit, in der sich die Juden befinden, sie sich nicht trauen, etwas Festes, Dauerhaftes zu unternehmen, indem sie der soliden Unternehmung die unruhige Handelstätigkeit vorziehen" [124].

Diese Erklärung ist jedoch mehr subjektiven Charakters, indem sie den freien Entschluß jedes einzelnen Unternehmers in Betracht zieht, der sich nicht entschließen kann, den Betrieb auszudehnen. Es scheint aber, daß es sich dabei nicht nur darum handelt, daß der jüdische Unternehmer, seiner rechtlichen Unsicherheit sich bewußt, absichtlich nicht zur Großindustrie, die höhere Kapitalanlagen erfordert, übergehen will, sondern daß er zu diesem Übergange vom Klein- zum Großbetriebe schlechterdings n i c h t   i m S t a n d e i s t, daß er diesen Übergang n i c h t vollziehen k a n n. Und daß er dies nicht kann, ist eben die Folge seiner Konkurrenz mit dem einheimischen Kapitalisten. Der letztere setzt sich leichter als der jüdische durch.

Aber auch die Zahl der jüdischen Fabrikbesitzer spielt eine gewisse Rolle. Die Juden sind ziemlich stark an einem Orte — in den Städten — konzentriert, wobei sehr viele, die über etwas Kapital verfügen, sich auf dem Gebiete der Industrie versuchen; es entsteht eine erbitterte Konkurrenz zwischen den jüdischen Unternehmern selbst, die keinen größeren Aufschwung Einzelner aufkommen läßt: daraus erklärt sich, warum die Juden Bjalostoks 90% aller Textilfabrikanten bilden, aber alle auch kleinere Betriebe haben, während einige reiche Deutsche, mit nötigen Kenntnissen und Erfahrungen ausgestattet, alle Großunternehmungen besitzen. Es ist dabei allerdings noch der Umstand zu berücksichtigen, daß „viele Juden infolge der Bildungsbeschränkungen nicht das erforderliche Verständnis für den technischen und ökonomischen Fortschritt entgegenbringen" [125].

Daß mit dem Wegfallen dieser Beschränkungen und überhaupt mit der Gleichstellung der Juden, die ökonomische Position jüdischer Kapitalisten sich verbessern würde, kann natürlich nicht geleugnet werden. Und trotzdem

scheint es, daß tiefgehende Änderungen dadurch nicht herbeigeführt würden, zumal zu der Zeit die einheimische Industrie sich so stark entwickelt haben und den Markt so be-
herrschen wird, daß die Konkurrenz mit ihr schon von vornherein ziemlich schwer, ja aussichtslos sein wird. Schon
heute hat z. B. die Moskau-Wladimirer Baumwollindustrie
den Vorrang vor der Lodzer Industrie. Das jüdische Kapital aber kann sich in diesen Gebieten gar nicht betätigen, da
die Juden in den erwähnten Gouvernements kein Wohnrecht
haben. Es ist deshalb höchstwahrscheinlich, daß das jüdische Kapital, das von der Großindustrie ausgeschlossen ist,
sich mehr und mehr auf den Geldhandel verlegen wird.

Zu all dem kommt noch schließlich ein weiteres Moment hinzu, das bei der ganzen Betrachtung nicht stark genug betont werden kann, nämlich, daß d i e E n t w i c k e -
l u n g d e r j ü d i s c h e n I n d u s t r i e a u f s e n g s t e
m i t d e n G e s c h i c k e n d e r j ü d i s c h e n A r -
b e i t e r s c h a f t v e r k n ü p f t i s t. Nun ist aber d i e
I n d u s t r i a l i s i e r u n g d e r j ü d i s c h e n A r b e i -
t e r s t a r k g e h e m m t — und so führt uns die Betrachtung der jüdischen Fabrik unmittelbar zu der der Lage d e r
j ü d i s c h e n A r b e i t e r s c h a f t.

Nach der Volkszählung vom Jahre 1897 gibt es in Rußland 175 000 Männer und Frauen, die die jüdische Arbeiter-
masse bilden. Darunter gibt es über 100 000 Tagelöhner
(Hauptberufe: Personen- und Lastführer 32 079, Gepäck-
und sonstige Träger 32 528, Wasserführer und -Träger,
Holzförderer, Holzhauer und -Säger, Pflaster-, Erdarbeiter,
Lumpenarbeiter und Klosettreiniger 20 392); der Rest steht
in häuslichen Diensten.

Tabelle VI (nach den Erhebungen der ICA) gibt Auskunft über die Zahl der jüdischen Industriearbeiter. Es
sind deren im ganzen Ansiedlungsrayon nur 4 6 3 1 3. Zählen wir dazu noch die Orte, die von der Enquete der ICA
nicht berührt wurden, so ergibt sich die runde Zahl von
50 000 jüdischen Arbeitern. Diese Zahl ist um so auffallen-
der, als gerade die Gouvernements des Ansiedlungsrayons
zu den industriell entwickelten Gebieten Rußlands gehören.
Die geringe Anteilnahme der Juden an dem Industrieprole-

Tabelle VI.
Zahl der jüdischen Arbeiter.

Gouvernements	Zahl der jüdischen Arbeiter	Gouvernements	Zahl der jüdischen Arbeiter
a) in Kronpolen:		**c) im südwestlichen Gebiet:**	
Warschau	4 181	Wolynien	3 947
Kalisch	670	Kiew	2 430
Kelzi	164	Podolien	1 528
Zomscha	439	Poltawa	1 275
Zublin	1 389	Tschernigow	416
Petrokowo	3 119		9 596
Plozk	246		
Radom	405	**d) im südlichen Gebiet:**	
Suwalki	1 196	Bessarabien	1 045
Sedlezk	471	Ekaterinoslaw . . .	626
	12 380	Taurien	387
			2 058
b) im nordwestlichen Gebiet:			
Wilna	2 407	**e) im ganzen Ansiedlungsrayon:**	
Witebsk	2 525	Kronpolen	12 380
Grodno	10 119	nordwestl. Gebiet . .	22 279
Kowno	1 402	südwestl. Gebiet . .	9 596
Minsk	4 409	südl. Gebiet	2 058
Mohilew	1 417		
	22 279		46 313

tariat erscheint jedoch noch anormaler, wenn wir beachten, daß die Juden vornehmlich zur städtischen Bevölkerung gehören, bei der der Prozentsatz der Industriearbeiter ein größerer zu sein pflegt. Wenn man das Verhältnis zwischen der Zahl der jüdischen Industriearbeiter zu der jüdischen städtischen Bevölkerung mit demselben Verhältnis zwischen der Zahl der nichtjüdischen Industriearbeiter zu der nichtjüdischen städtischen Bevölkerung vergleicht, so ergibt sich, daß es bei den Juden 13 mal so wenig Industriearbeiter gibt, wie bei den Nichtjuden. Darum müßte es eigentlich statt 50 000 — 700 000 jüdische Industriearbeiter geben[126], — und dann hätten vielleicht der jüdische (Klein-) Handel und das jüdische Handwerk nicht unter der verhängnisvollen Überfüllung zu leiden. Jedoch bildet die zahlenmäßig geringe Anteilnahme der jüdischen Arbeitskraft an der Industrie Rußlands nicht die einzige Anormalität im wirtschaftlichen Leben der jüdischen Massen des Ostens; es kommt noch dazu etwas weit Schlimmeres, nämlich, daß die jüdischen Arbeiter — ebenso wie die jüdische Industrie — hauptsächlich in den Endstadien der Produktion beschäftigt sind. Die von M a r g o - l i n aufgestellte Tabelle beweist dies am besten. (Siehe Tabelle VII.)

Tabelle VII.

Das prozentuale Verhältnis der jüdischen Arbeiter zur gesamten Arbeiterzahl in jeder einzelnen Fabrikindustrie des Ansiedlungsrayons außer Polen.

Produktionszweige	N.-West.	S.-West.	Süden
Endstadien			
Handschuhproduktion	100	100	—
Zündholzproduktion	95,2	12	—
Seifenfabrikation	.84,7	81,1	63,3
Knopfverfertigung	84,2	—	—
Bonbonfabrikation	62,4	100	—
Bier- und Metbrauerei	50,1	36,5	34,4
Weinbrauerei	25,4	4,2	21,4
Vorstadien			
Borstenfabrikation	96,8	—	—
Tabakfabrikation	92,1	78,4	56,4
Graupenfabrikation	80,8	80,3	—
Gerberei	64,6	45,8	68
Wollspinnerei	57,7	—	—
Mühlen	57,5	34,6	27,3
Ziegelfabrikation	49,4	8,5	3,0
Wollweberei	31,8	—	—
Kachelindustrie	31,8	—	—
Sägemühlen	18,3	18,3	30,1
Produktionsmittel			
Gußeisenindustrie	14,9	15,2	0,7
Maschinenindustrie	4,2	—	—
Drahtindustrie	2,8	—	—

Man sieht daraus, „daß die jüdischen Arbeiter einen vorwiegenden und fast ausschließlichen Anteil an den Endstadien des Produktionsprozesses nehmen, während ihre Teilnahme an der Produktion in dem Maße ihrer Annäherung an die Anfangsstadien der Produktion rapide abnimmt. Während in den Handschuh-, Zündholz-, Knopf-, Seifen-, Graupen- und anderen Fabriken, die der Verfertigung von Genußgütern dienen, der Prozentsatz der jüdischen Arbeiter überall 80% übertrifft und mancherorts sogar 100 erreicht, sinkt die Teilnahme der jüdischen Arbeiter an der Gußeisen-, Maschinen- und Drahtindustrie bis auf 0,7 oder 0,0% herab" [127].

Nun wächst aber mit fortschreitender kapitalistischer Entwickelung die Zahl derjenigen Unternehmungen, die der Erzeugung von Produktionsmitteln gewidmet sind (M a r x), so daß der Prozentsatz der jüdischen Arbeiter an der gesamten Arbeiterschaft unvermeidlich sinken wird.

Betrachten wir ferner die Fabriken mit den jüdischen Arbeitern näher, so fällt uns die merkwürdige Erscheinung auf, daß die Juden vornehmlich in den Betrieben arbeiten, wo die Technik am unentwickeltsten ist, wo nicht der Dampf und die Maschine, sondern die Handarbeit vorherrschen, während die Fabriken, die eine höhere Technik und vollkommenere Produktionsmethoden aufweisen, ausschließlich christliche Arbeiter beschäftigen. Besonders stark merkt man diese eigentümliche Arbeitsteilung in den Webereien, und zwar in den Industrierayons von Bjalostok und Lodz. Hier sind etwa 8000 jüdische Weber konzentriert. „Sie arbeiten fast nur an Handstühlen. Die Zahl der Juden, die an mechanischen Stühlen beschäftigt sind, ist sehr unbedeutend" [128]. Dies kann man zum Teil dadurch erklären, daß die Juden bei der Einführung der allgemeinen Sonntagsruhe, die im Interesse des einheitlichen Produktionsprozesses für alle Arbeiter festgelegt wurde, fest an ihrer üblichen Samstagsruhe hielten, weshalb sie aus der Fabrik ausgeschlossen wurden. Jedoch ist diese Ursache nicht die einzige, zumal die Juden sich später bereit fanden, auch am Samstag zu arbeiten. Jedenfalls täten sie dies lieber, als auswandern. Und daß sie trotzdem auswandern, beweist nur, daß die

Ursachen dieser merkwürdigen Zurück- und Verdrängung der jüdischen Arbeitskraft viel tiefer liegen. Inzwischen aber hat sich die Anschauung, daß die jüdischen Arbeiter nur in technisch rückständigen Betrieben beschäftigt werden dürfen, so sehr, sogar bei der Masse der Arbeiterschaft, befestigt, daß die christlichen Arbeiter einer jüdischen Fabrik in Polen den Streik proklamierten, weil die jüdischen Arbeiter nicht bei der Einführung des Dampfes und des mechanischen Betriebes entlassen wurden; sie haben nicht früher die Arbeit aufgenommen, bis ihr Wille erfüllt wurde. „In dem Maße, wie die Handarbeit durch die mechanische Kraft ersetzt wird, scheidet der jüdische Arbeiter aus der Fabrik aus"[129].

Da nun, unserer Meinung nach, die gehemmte Entwickelung der jüdischen Fabrik und die Nichtindustrialisierung der jüdischen Arbeitermassen das größte, das Grundübel im wirtschaftlichen Leben der Juden Rußlands bilden, wollen wir den Ursachen der letzteren Erscheinung genauer nachgehen. Dabei sehen wir von der simplen und schon ziemlich abgedroschenen Wahrheit ab, daß das beschränkte Wohnrecht auch ungünstig auf die Lebensbedingungen der jüdischen Arbeitermassen einwirkt. Es ist wohl anzunehmen, daß bei unbeschränktem Wohnrecht es etwas mehr jüdische Industriearbeiter geben würde. Aber es wäre völlig verkehrt, in dieser rechtlichen Beschränkung die einzige und alleinige Ursache zu suchen, zumal auch in den Gebieten, wo die Juden das Wohnrecht haben, und wo die Industrie auch sehr entwickelt ist, sie nichtsdestoweniger keine Anstellung als Industriearbeiter finden.

Die Ursachen sind vielmehr anderer Art. Zuerst kommt in Betracht, daß der jüdische Arbeiter mehr Bedürfnisse hat, als der russische, dessen Lebensansprüche sehr minimal sind; deshalb kann der Jude mit ihm schlecht konkurrieren. Die größeren Bedürfnisse des jüdischen Arbeiters entspringen dem Umstande, daß er ein Stadtbewohner ist, dessen Ansprüche immer größer zu sein pflegen, als die eines in die Stadt gezogenen Bauern[130]. Mit der Eigenschaft des jüdischen Arbeiters als Stadtbewohner hängt ferner zusammen, daß er, indem er seine Arbeitskraft verkauft, nicht nur an sich, sondern auch an seine Familie denken muß. Darum bestimmt sich der Lohn des jüdischen Arbeiters nicht nur durch das, was er für seinen eigenen Unterhalt nötig hat, sondern dadurch, was er zum Unterhalt seiner ganzen Familie braucht. Der russische Arbeiter aber, der allein auf dem Arbeitsmarkte erscheint, — da seine Familie auf dem Lande geblieben ist, wo sie sich schon selbst ernährt, — kann sich mit wenigem begnügen. Aber nicht nur, daß der Jude eine Familie besitzt, die er zu ernähren hat, muß hier berücksichtigt werden: auch das ganze Verhältnis zwischen Arbeitsfähigen und Nichtarbeitern ist bei den Juden sehr ungünstig. So ergibt sich aus der Statistik der jüdischen Bevölkerung in Rußland, „daß je 1000 Israeliten gegenüber den Orthodoxen etwa 17, gegenüber den Katholiken etwa 23, den Mohamedanern etwa 30 und gegenüber den Lutheranern sogar etwa 60 Personen mehr unter sich haben, deren Unterhalt den übrigen zur Last fällt" [131]. So beträgt für das ganze Reich der Prozentsatz der männlichen Arbeitsfähigen bei den Juden 42,4, bei den Russen 44,4, bei der Gesamtbevölkerung 44,9. Auch die Spezialuntersuchungen bestätigen dieses ungünstige Verhältnis. In der Stadt Dorpat [132] entfallen

Auf 100 Erwachsene beiderlei Geschlechts	Deutsche	Russen	Esten	Juden
Ganzarbeiter	51,7	57,5	53,0	48,0
Halbarbeiter . , ...	18,9	13,4	15,7	15,3
Nichtarbeiter	29,2	28,5	31,0	36,7
Auf 100 Arbeiter entfallen Nichtarbeiter	41,4	40,2	45,1	58,1

Daß die jüdischen Arbeiterfamilien unter diesen Verhältnissen auch zu leiden haben, ist natürlich klar.

Der russische Arbeiter hat mithin einen ganz erheblichen Vorzug vor dem jüdischen Arbeiter im ökonomischen Kampf um den Arbeitsplatz. Aber seine günstigere Stellung wird noch dadurch erhöht, daß er nicht immer wie der jüdische Arbeiter in der Stadt wohnt, sondern meistens noch ein Hinterland hat, ein Stückchen Land, das während seiner

Abwesenheit von seinen Familienangehörigen bewirtschaftet
wird, und wo er in der Not immerhin eine Beschäftigung finden kann. Die Verbindung des russischen Arbeiters mit dem flachen Lande ist eine sehr große. Seine Familie hat er selten in der Stadt, sondern meistens auf dem
Lande. In einer Untersuchung über die „Haushaltungs-
budgets Petersburger Arbeiter" weist S. P r o k o p o -
w i t s c h nach, daß für die Mehrzahl der Petersburger Arbeiter die Familie ein unerreichbarer Luxus ist, daß ein
Bauer aber, der nach Petersburg kommt, um Arbeit zu
suchen, selten eine Familie gründet. „Die Reihen des Proletariats werden deshalb durch Ankömmlinge aus dem Dorfe
ergänzt. In der Regel wird der russische Proletarier nicht
in der Arbeiterfamilie, nicht in der Stadt, nicht auf der Fabrik, sondern in der bäuerlichen Familie auf dem Lande er-
zogen" [133]. Auch die Verteilung der Streiks nach Jahres-
zeiten beweist den Zusammenhang des russischen Arbeiters
mit dem flachen Lande: „Es ist charakteristisch für Rußland, daß hier die Streikbewegung in den Sommermonaten,
der Zeit der Feldarbeiten, wo Arbeitskräfte auf Verwendung
im Landbau rechnen können, anwächst. Das zeigt, daß die
Differenzierung zwischen dem Land- und dem Fabrikarbeiter in Rußland noch keine scharfe, keine einge-
wurzelte ist" [134].

Wir sehen: während der russische Arbeiter schlechte
Zeiten auf dem Lande verbringen kann oder seinen Zusammenhang mit dem Landbau dazu benutzt, um seine Lage
zu verbessern, stehen diese Möglichkeiten dem jüdischen
Arbeiter nicht offen. Er ist der ökonomisch Schwächere
und zieht deshalb im Konkurrenzkampf den Kürzeren.

Zu diesen wirtschaftlichen Momenten kommen noch
rein psychologische. Der jüdische Arbeiter ist viel kulti-
vierter als der russische; er ist auch viel revolutionärer gesinnt. Was den Bildungsgrad des jüdischen Arbeiters anbelangt, so ist anzunehmen, daß fast alle jüdischen Arbeiter
lesen können. „Die Elementarbildung spielt auch eine her-
vorragende Rolle in der jetzigen jüdischen Arbeiterbewegung in Rußland. Während die christlichen Revolutionäre
mit ganz ungebildeten Volksmassen zu tun hatten, fand der

jüdische Revolutionär vollständig entwickelte und verständnisvolle Schüler, die mit Begeisterung die Idee des Sozialismus annahmen. Jüdische Proklamationen und Aufrufe wurden in vielen Tausenden Exemplaren verbreitet und von einer großen Zahl jüdischer Arbeiter in allen Städten und Städtchen des Ansiedlungsrayons gelesen" [135]. Es ist nun natürlich, daß der jüdische wie nichtjüdische Kapitalist den revolutionär gesinnten jüdischen Arbeiter nicht gerade allzugerne in seiner Fabrik anstellt und ihm den russischen Bauern vorzieht. Dem letzteren fiele nie ein, das zu tun, was einmal jüdische Hausweber Bjalostoks getan haben: sie überreichten nämlich ihren Fabrikanten bei Einlieferung der Ware zugleich eine genaue Kalkulation, die eine vollständige Aufstellung der Herstellungskosten (Rohprodukt, Maschinen, Arbeit usw.), den Marktpreis und dann den Nutzen des Arbeitgebers enthielt. In der Materialiensammlung, hersg. von der ICA, der der erwähnte Fall entnommen ist, wird auch mitgeteilt, daß die Weber in demselben Rayon Bjalostok die Bilanzen ihres Arbeitgebers verfolgen [136].

Damit steht noch im Zusammenhange, daß der jüdische Arbeiter vor seinem Arbeitgeber überhaupt gar keinen Respekt hat. Er betrachtet ihn, wenn auch nicht als seinesgleichen, so doch als einen, von dem er sich nichts gefallen läßt. Der Fabrikbesitzer hütet sich nun, solche Arbeiter einzustellen, weshalb die Juden an den Fabriken, wo strikte Unterordnung manchmal so wichtig ist, keine Anstellung erhalten.

Neuerdings hat M a r g o l i n noch auf einen Umstand aufmerksam gemacht, der bei Nichtindustrialisierung der jüdischen Arbeitermassen eine Rolle gespielt haben soll. Es ist die Dünnheit der jüdischen Bevölkerung Rußlands. „Diese verhältnismäßige Dünnheit der jüdischen Bevölkerung, speziell der jüdischen Arbeiterbevölkerung in jeder gegebenen Gegend, läßt die Juden nicht in jene Industrien eindringen, die eine Teilnahme von großen Arbeitermassen erfordern. Infolge ihrer geringen Zahl sind sie nicht im Stande, all diese Betriebe allein zu besetzen, während die Mitarbeit verschiedener ethnischen Gruppen an denselben

Betrieben durch den scharfen Unterschied, der zwischen ihnen besteht, durch die Verschiedenheit in ihrer Kultur, in ihren Gewohnheiten, Neigungen, Traditionen u. dergl. ganz ausgeschlossen wird" [137].

Wir halten diese Ausführungen nur zum Teil für haltbar; es ist wohl möglich, daß die Juden den ganz großen Betrieben des Südens, — zumal dort die Textil- und die Kohlenindustrien plötzlich angepflanzt wurden, — wegen ihrer Zerstreutheit nicht genügen konnten, weshalb auch diese Industrien völlig von den russischen Arbeitern besetzt wurden. Jedoch hat die Zerstreutheit der jüdischen Bevölkerung Rußlands nicht die Bedeutung, die ihr M a r g o l i n zuschreibt. Und zwar aus dem einfachen Grunde nicht, weil, wenn die jüdischen Arbeiter ökonomisch dem russischen gleichständen und nur den Nachteil hätten, mehr als dieser zerstreut zu leben, — sie diese Zerstreutheit leicht überwinden könnten. Mußte doch der russische Bauer, um in die Fabrik zu gelangen, auch vorher nach der Stadt ziehen, — weshalb könnten die jüdischen Arbeitslosen sich nicht auch an Orten der Industrie konzentrieren? Dabei bedenke man noch die Tatsache, daß in den Städten, wo die Industrie sehr entwickelt ist und wo es jüdische Arbeiter in Fülle gibt, sie nichtsdestoweniger keine Anstellung finden und von dem russischen Konkurrenten verdrängt wurden. Und es ist doch nicht anzunehmen, daß den jüdischen Arbeitermassen, die jährlich so reichlich die Reihen der Auswanderer füllen, die Auswanderung — etwa nach Amerika — leichter fällt, als die Überwindung ihrer Zerstreutheit in der alten Heimat. Uns scheint hier die Ursache mit der Folge verwechselt zu werden. Die Zerstreutheit der jüdischen Arbeiterbevölkerung Rußlands ist nicht die Ursache, sondern die Folge ihrer Nichtindustrialisierung. Und die letztere ist das Resultat der erfolglosen Konkurrenz mit der einheimischen Arbeiterschaft. Die Juden gelangen in keine Großbetriebe: nicht deshalb, weil sie zerstreut sind, sondern sie sind zerstreut, weil die Großbetriebe ihnen verschlossen sind und sie sich mit den zerstreuten Kleinbetrieben begnügen müssen.

Zum Schluß möchten wir noch auf einen Umstand hinweisen, der für die Zukunft der jüdischen Fabrik wie der jüdischen Arbeitermassen von ganz erheblicher Bedeutung ist. Das ist die Standortsfrage der russischen Industrie, die wir schon kurz erwähnt haben, und deren Behandlung im Zusammenhange mit der ökonomischen Lage der Juden in Rußland sich zuerst — zwar sehr flüchtig — bei H i l l - m a n n findet.

Es ist bekannt, daß in Westeuropa, wie in Amerika, die Industrie ihren Standort wechselt, indem sie aus der Stadt wegzieht. S o m b a r t führt diesen „Exodus" auf die Verteuerung des städtischen Bodens zurück. „Der Produzent hatte also immer auf Verbilligung seiner Herstellungsweise zu achten. Diesem stand aber die Verteuerung der Produktion durch die Verteuerung des Standortes in den großen Städten... hindernd im Wege... Deshalb beobachten wir schon seit einigen Jahrzehnten als eine allgemeine Erscheinung in allen Kulturländern den Exodus wichtiger Industrien aus den großen Städten und können selbstverständlich daraus schließen, daß sich neue Industrien dieser Branche nicht etwa irgend in dem großstädtischen Mittelpunkte neu ansiedeln werden" [138]. S o m b a r t führt als Beispiele hierfür Manchester, Leeds, New-York, Berlin und Wien an. Das Beispiel Rußlands kann nun diesen Staaten angereiht werden.

Die russische Dorffabrik fängt an, eine ganz erhebliche Rolle im wirtschaftlichen Leben Rußlands zu spielen. „Es werden kleine Textilfabriken errichtet mit 150—200 mechanischen Webstühlen. Der Arbeitslohn, den solche Fabriken zahlen, beträgt bis 50% des Lohnes, den die großen Fabriken zahlen. Für den bäuerlichen Handwerker bedeutet die Anstellung an einer solchen Fabrik eine Besserung seiner Lage: mag der Lohn minimal sein, er ist doch größer als das, was er als Heimhandweber verdient hatte... Für den Fabrikarbeiter bedeutet aber die Konkurrenz seitens des Dorffabrikarbeiters ein großes Übel: sein Lohn wird dadurch stark herabgedrückt" [139]. Ziehen die Industrien in Westeuropa aus der Stadt infolge des teuren Standortes aus, so meidet die russische Textilindustrie die Stadt von vornherein wegen der billigeren Arbeitskräfte, die sie auf dem Lande bekommt.

Für die Lage der jüdischen Arbeitermassen — wie für die jüdische Fabrik — hat die besprochene Erscheinung insoweit eine große Bedeutung, als dadurch die ökonomische Position des jüdischen Arbeiters wie des jüdischen Kapitalisten noch mehr verschlechtert wird. Beide haben einstweilen kein Wohnrecht auf dem Lande, und bekämen sie es, so wären sie doch nicht im Stande, sich dort durchzusetzen: der jüdische Kapitalist, weil das christliche Kapital sich schon vorher dort festgesetzt hat und keine Konkurrenz dulden wird; der jüdische Arbeiter, weil, wenn er schon heute dem russischen städtischen Arbeiter den Platz räumen muß, er die Konkurrenz mit dem noch weniger anspruchsvollen Dorfarbeiter vollends nicht bestehen wird. Allein die Wohnungsfrage wäre für die jüdischen Arbeitermassen auf dem Lande eine fast nicht zu lösende Schwierigkeit, während sie für die einheimischen Dorfarbeiter gar kein Problem darstellt. Aber auch unter der Rückwirkung der Dorffabrik auf die städtische werden die Juden am meisten zu leiden haben. Ob das jüdische Handwerk noch genug Kräfte in sich haben wird, um die Konkurrenz mit der russischen Dorffabrik, die der gleichen Branche angehört, aufzunehmen, ist eine folgenschwere Frage, die nicht mit einem glatten „Ja" beantwortet werden kann.

Wir haben nun verschiedene soziale Gruppen des russischen Judentums betrachtet und haben versucht, die Anormalitäten in ihrer Lage aufzudecken und zu erklären, wobei wir die Überfüllung des jüdischen Handels wie des jüdischen Handwerks auf die unvollkommene Entwickelung der jüdischen Fabrik und die Nichtindustrialisierung der jüdischen Arbeitermassen zurückgeführt haben.

Zum Schluß werfen wir noch einen kurzen Blick auf die Lage der jüdischen „Intelligenz" Rußlands. Hier ist das Charakteristische, daß es bei den Juden Rußlands fast gar keine Staatsbeamte gibt, so daß diejenigen, die eine höhere Bildung genossen haben und in anderen Ländern vom Staate angestellt würden, sich in Rußland nur den freien Berufen widmen können. Die berüchtigte „Prozentnorm" schränkt jedoch die Zahl der akademisch Gebildeten stark ein, so daß es bei den Juden prozentual weniger Personen mit höherer Bildung gibt als bei der Gesamtbevölkerung. Doch hat „keine andere Nation in den letzten Jahrzehnten auch nur annähernd solche Fortschritte in Bezug auf Aneignung der höheren Bildung gemacht wie die Juden" [140]. Außerdem gehen viele russische Juden ins Ausland, um dort die Universitäten zu beziehen.

Der Einfluß, den die jüdischen Intellektuellen auf das geistige Leben Rußlands ausüben, ist ein ganz bedeutender; ein großer Unterschied zwischen dem Osten und dem Westen exisiert hier nicht. Die rechtlichen Beschränkungen jedoch, die die jüdischen Angehörigen der liberalen Berufe sich von der Regierung gefallen lassen müssen, und die innere Verbindung mit der Masse des Volkes, aus dem die meisten doch hervorgegangen sind, hat zur Folge, daß auch die jüdischen Intellektuellen in Rußland an der Auswanderung stärker interessiert sind, als es in Westeuropa der Fall ist. Die neueste „Kontingentierung" der Zahl der jüdischen Rechtsanwaltsgehülfen, — sie dürfen nunmehr nicht mehr als 10% der Gesamtzahl bilden, — wird wahrscheinlich zu einer verstärkten Auswanderung der jüdischen Angehörigen liberaler Berufe führen, da gerade der Beruf des Rechtsanwaltes ein sehr beliebter war. So bilden die Juden

49%	aller Rechtsanw.-Geh. im Gerichts-Bez.		Odessa
43%	„	„	Petersburg
34%		„	Warschau
34%	„	„	Wilna
27%		„	Charkow
22%	..	„	Irkutsk
19%		„	Nowotscherkask
16%		„	Saratow
15%		„	Moskau
13%		„	Tiflis
9%		„	Taschkent [141].

Zwölftes Kapitel.

Die jüdische Auswanderung der Neuzeit.

Es wäre eine höchst interessante Aufgabe, die gesamten jüdischen Wanderungen der Neuzeit ziffernmäßig festzustellen, sodaß wir genau wüßten, wie viele Juden noch nicht bodenständig sind und sich noch auf Wanderungen befinden. Leider fehlen die für eine solche Feststellung nötigen Angaben, und man muß sich darum mit einer Wahrscheinlichkeitsrechnung begnügen. So hat auch Ruppin [142] in der folgenden Tabelle (Tabelle VIII) den Versuch gemacht, ein

Tabelle VIII.

Gesamtübersicht der jüdischen Ein- und Auswanderung.

In der Zeit von 1881—1908 wanderten Juden

nach	aus				
	Rußland	Österreich-Ungarn	Rumänien	anderen Ländern	insgesamt
Vereinigte Staaten	1 250 000	250 000	75 000	125 000	1 700 000
Kanada	30 000	5 000	—	5 000	40 000
Argentinien . . .	20 000	—	—	10 000	30 000
Sa. Amerika	1 300 000	255 000	75 000	140 000	1 770 000
England	150 000	10 000	20 000	10 000	190 000
Deutschland . . .	15 000	25 000	—	—	40 000
Frankreich . . .	30 000	10 000	—	10 000	50 000
Belgien	5 000	—	—	5 000	10 000
Sa. West-Europa	200 000	45 000	20 000	25 000	290 000
Süd-Afrika . . .	15 000	—	—	5 000	20 000
Egypten	10 000	—	—	10 000	20 000
Sa. Afrika	25 000	—	—	15 000	40 000
Palästina	20 000	5 000	1 000	10 000	30 000
Insgesamt	1 545 000	305 000	96 000	190 000	2 136 000

Gesamtbild der Wanderungen in den hauptsächlich von der Ein- und Auswanderung berührten Ländern zu geben.

Demnach beträgt die Zahl der Juden, die in der Zeit von 1881—1908 ein- und auswanderten, nicht weniger als 2 136 000, was 18,47% aller Juden ausmacht. Das Haupteinwanderungsland bilden die Vereinigten Staaten mit 1 770 000 Einwanderern, das Hauptauswanderungsland ist Rußland mit 1 545 000 Auswanderern; zählen wir zu diesen russischen Auswanderern noch die Zahl derjenigen, die in den letzten 3 Jahren auswanderten, hinzu, so ergibt sich, daß aus Rußland allein in 31 Jahren (1881—1911) 1 710 000 Juden ausgewandert sind, was 28,28% der heutigen jüdischen Bevölkerung Rußlands ausmacht.

Aus den angegebenen Zahlen ersehen wir auch klar, daß das Hauptkontingent der jüdischen Auswanderer die russischen Juden liefern, und zwar wenden sie sich in ihrer überwiegenden Mehrheit den Vereinigten Staaten zu. Wollen wir also den Geist der jüdischen Wanderungen der Neuzeit begreifen, ihr Wesen und ihre Tendenzen feststellen, so müssen wir uns der jüdischen Einwanderung in die Vereinigten Staaten zuwenden, zumal wir über die letztere auch am besten unterrichtet sind [143].

Man ist gewöhnt, die jüdische Einwanderung in die Vereinigten Staaten vom Jahre 1881 zu datieren, um welche Zeit in Rußland die ersten jüdischen Pogrome ausbrachen und die berühmten Ignatiew'schen Gesetze erlassen wurden, welche die Freizügigkeit der Juden bedeutend einschränkten. „Seit dem Auftreten der Judenverfolgungen in Rußland, also seit dem Jahre 1881, ergießt sich dann ein immer stärker anschwellender, erst in allerjüngster Zeit etwas nachlassender Strom jüdischer Auswanderer aus dem Zarenreiche, ein schwächerer aus Rumänien, nach dem gelobten Lande der Freiheit, nach den Vereinigten Staaten von Amerika" [144].

Jedoch ist das nicht richtig, da schon ein Jahrzehnt früher die jüdische Auswanderung aus Rußland einsetzte. Das wird auch vom Verfasser des Artikels „Migration" in „The Jewish Encyclopedia" ausdrücklich betont. „The emigration of Jews from Russia increased remarkably in the seventies and became widespread in the eighties of the nineteenth century. That until then the emigration movement was but slight is evidenced by the fact that between the years 1821—1870 only 7,550 Jewish emigrants from Russia and Russian Poland set out for the United States, at that time the most important objective point, and in the decade 1871—1880 no less than 41,057 came from Russia alone" [145].

Demnach betrug die Zahl der Einwanderer aus Rußland im Jahrzehnt 1871—1880 durchschnittlich jährlich 4 105, eine Ziffer, die schon bedeutend genug ist, insbesondere wenn man beachtet, daß im Jahre 1881 die Zahl der Einwanderer nur noch 8 193 betrug und im Jahre 1883 nur 6 907. Man sieht daraus, daß die jüdische Auswanderung aus Rußland nicht unmittelbar durch die Pogrome verursacht wurde, sondern schon früher im jüdischen Leben feste Wurzeln hatte.

Und das ist ja ganz begreiflich. Denn die jüdische Auswanderung wurde herbeigeführt, nicht sowohl durch die rechtlichen Beschränkungen der Juden und die Pogrome, als vielmehr — und in erster Linie — durch die ökonomische Entwickelung des Landes. Solange in Rußland nämlich noch die Leibeigenschaft existierte, und die feudale Agrarwirtschaft vorherrschte, wurden die Juden in ihren wirtschaftlichen Funktionen als Händler und Handwerker nicht gestört. Die Sache hat sich aber gründlich geändert mit der Befreiung der Bauern und Entstehung des Kapitalismus. Dem jüdischen Händler und Makler — aber in noch größerem Maße dem jüdischen Handwerker — entstand ein mächtiger Konkurrent in der Gestalt des vom Lande in die Stadt gezogenen Bauern. Zwar wurde der jüdische Handwerker anfangs bevorzugt, aber nur kurze Zeit. Im Jahre 1865 bekamen die jüdischen Handwerker das allgemeine Wohnrecht; es ist aber anzunehmen, daß sie schon anfangs der 80er Jahre im Konkurrenzkampf mit den russischen standen. Und so fing die jüdische Auswanderung an. Treffend sagt darüber N. W. G o l d s t e i n: „Das Handwerk war nicht im Stande, das Problem vollständig zu lösen, d. h. die Masse von Juden, welche durch die Umwälzung in der Landwirtschaft brotlos geworden waren, zu versorgen; dazu kam noch, daß dem Handwerk selbst in der allgemeinen Entwickelung der Industrie . . . eine scharfe Konkurrenz erwuchs. Die Folge dieser Erscheinungen war, daß die jüdische Auswanderung entstand" [140].

Über die allgemeine und jüdische Einwanderung in die Vereinigten Staaten gibt Tabelle, IX (siehe S. 117) Auskunft. Was zuerst den prozentualen Anteil der Juden an der Gesamteinwanderung betrifft, so ist er ziemlich schwankend, obwohl er sich in den letzten Jahren doch um 8 bis 16% oszilliert. Die Ausnahme bilden die 90er Jahre, wo die jüdische Einwanderung im Verhältnis zu der allgemeinen besonders groß war (im Jahre 1892:23,6%, im Jahre 1895 26,1%). Das ist zum Teil durch die erhöhte Auswanderung aus Rußland am Anfang der 90er Jahre zu erklären, die ihrerseits durch die Vertreibung der Juden aus Moskau und den Dörfern in den Jahren 1891—92 veranlaßt wurde. Der durchschnittliche Prozentsatz der jährlichen Einwanderung an der Gesamteinwanderung der letzten 32 Jahre (1880 bis 1912) beträgt 11,6%.

Betrachten wir nun d i e j ü d i s c h e E i n w a n d e r u n g a u s R u ß l a n d besonders, die, wie Tabelle X zeigt, 60,8—81,4% der gesamten jüdischen Einwanderung in die Vereinigten Staaten ausmacht, so fällt uns vor allem ihre Regelmäßigkeit auf. Denn wenn wir von den Jahren 1897—99 absehen, in denen auch die allgemeine Einwanderung bedeutend sank, und die gewaltig anschwellende Auswanderung in den Jahren 1905—07 aufs Konto der Revolution und Pogrome setzen, so sehen wir, daß die jüdische Auswanderung aus Rußland eine Erscheinung ist, die trotz aller Schwankungen die Tendenz hat, langsam zu steigen. Mögen einzelne Jahre eine niedrigere Zahl der Auswanderer aufweisen, im großen und ganzen ist die jüdische Auswanderung aus Rußland keine sporadische, durch vorübergehende Umstände herbeigeführte, sondern eine systematische, tief im Wesen des jüdischen Lebens in Rußland liegende Erscheinung. Die Tendenz zum Steigen tritt uns noch klarer entgegen, wenn wir nicht einzelne Jahre betrachten, deren Auswandererzahl auch mancherlei Zufälligkeiten

Tabelle IX.

Jüdische und allgemeine Einwanderung in die Vereinigten Staaten von Amerika.

Im Fiskaljahre (1. Juli bis 30. Juni)	Allgemeine	Jüdische Einwanderung aus						Insgesamt wanderten Juden ein	In %
		Rußland	Österreich-Ungarn	Großbritannien	Rumänien	Deutschland	anderen Ländern		
1880/1881	669 431	8 193	—	—	—	—	—	8 193	1,2
1881/1882	788 992	17 497	—	—	—	—	14 310	31 807	4,2
1882/1883	603 322	6 907	—	—	—	—	—	6 907	1,2
1883/1884	518 592	15 122	—	—	—	—	12 288	27 410	5,3
1884/1885	395 346	16 603	—	—	—	—	19 611	36 214	9,0
1885/1886	334 203	17 309	—	—	—	—	29 658	46 967	14,0
1886/1887	490 109	28 944	—	—	—	—	27 468	56 412	11,5
1887/1888	546 889	31 256	—	—	—	—	31 363	62 619	11,5
1888/1889	444 427	31 889	—	—	—	—	23 962	55 851	12,6
1889/1890	455 302	33 147	—	—	—	—	34 303	67 450	14,8
1890/1891	560 319	42 145	—	—	—	—	69 139	111 284	20,0
1891/1892	579 663	76 417	—	—	—	—	60 325	136 742	23,6
1892/1893	439 730	35 626	—	—	—	—	32 943	68 569	15,5
1893/1894	285 631	36 725	—	—	—	—	22 108	58 833	20,4
1894/1895	258 536	33 232	—	—	—	—	32 077	65 309	26,1
1895/1896	343 267	45 137	—	—	—	—	28 118	73 255	21,4
1896/1897	230 832	22 750	—	—	—	—	20 684	43 434	18,0
1897/1898	229 299	27 221	—	—	—	—	27 409	54 630	24,0
1898/1899	311 715	24 275	11 071	24	1 343	405	297	37 415	12,0
1899/1900	448 572	37 011	16 920	13	6 183	337	300	60 764	13,5
1900/1901	487 918	37 660	13 006	82	6 827	272	251	58 098	12,5
1901/1902	648 743	37 846	12 848	55	6 589	182	169	57 688	8,7
1902/1903	857 046	47 689	18 759	420	8 562	477	296	76 203	8,8
1903/1904	812 870	77 544	20 211	817	6 446	669	549	106 236	13,0
1904/1905	1 026 499	92 388	17 352	14 299	3 854	734	1 283	129 910	12,6
1905/1906	1 100 735	125 234	14 884	6 113	3 872	979	2 666	153 748	14,0
1906/1907	1 285 349	114 932	18 885	7 032	3 605	734	3 994	149 182	11,6
1907/1908	782 870	71 978	15 293	6 260	4 455	869	4 532	103 387	16,6
1908/1909 *)	751 786	39 150	8 431	3 385	1 390	652	4 543	57 551	7,7
1909/1910	1 041 570	59 824	13 142	4 098	1 701	705	4 790	84 260	8,0
1910/1911	878 587	65 472	12 785	4 895	2 188	799	5 084	91 223	10,3
1911/1912	838 172	—	—	—	—	—	—	80 595	9,6
zusammen	19446 322	1357 123	193 587	47 493	57 015	7 814	514 520	2 258 146	11,6

*) In diesem Jahre sind die Einwanderer zum ersten Male unterschieden in Immigrant aliens und Nonimmigrant aliens. Letztere sind zwar auch Fremde, die aber nicht in die Gruppe der Einwanderer eingereiht werden. Die Gesamtzahl derselben belief sich im Jahre 1908/09 auf 192 449 bei den Juden auf 3 188

" " 1909/10 " 156 467 " " " " 3 503
" " 1910/11 " 151 713 " " " " 3 333
" " 1911/12 " — " " " " 3 407

Tabelle X.

Jüdische Einwanderung aus Rußland in die Vereinigten Staaten.

Jahr	Zahl der Einwanderer aus Rußland	In % zu der gesamten jüdischenEinwanderung
1898/1899	24 275	64,8
1899/1900	37 011	60,8
1900/1901	37 660	64,8
1901/1902	37 846	65,6
1902/1903	47 689	62,5
1903/1904	77 544	73,0
1904/1905	92 388	71,1
1905/1906	125 234	81,4
1906/1907	114 932	77,0
1907/1908	71 978	68,6
1908/1909	39 150	68,0
1909/1910	59 824	70,9
1910/1911	65 472	71,8
Sa.	831 003	66,7

unterworfen ist, sondern größere Zeiträume von etwa fünf Jahren mit einander vergleichen. So ersehen wir aus der Tabelle XI, daß im Lustrum 1881—85 die jährliche durch-

Tabelle XI.

Jüdische Einwanderung aus Rußland in die Vereinigten Staaten.

Zeitraum	Jüdische Einwanderung in die Ver. St. von Amer. aus Rußl.	Durchschnittlich jährlich
1881—1885	64 322	12 865
1886—1890	142 545	28 509
1891—1895	224 145	44 829
1896—1900	156 394	31 278
1901—1905	293 127	58 625
1906—1910	411 118	82 223

schnittliche Einwandererzahl 12 865 beträgt; im Lustrum
1886—90 schon mehr als das Doppelte: 28 509; im Lustrum
1891—95 : 44 829; im Lustrum 1896—1900 : 31 278; im Lustrum 1901—05 : 58 625 und im Lustrum 1906—1910:82 223.
Die einzige Ausnahme bildet das Lustrum 1896—1900. Im
Fiskaljahre 1911 betrug die Zahl der jüdischen Einwanderer
aus Rußland 65 472.

Wir wenden uns der Struktur der Einwanderungsbevölkerung zu. Betrachten wir zuerst die Verteilung
nach dem Geschlecht und dem Alter. Aus
dieser Verteilung, d. h. aus dem Grade der Beteiligung der
Frauen und Kinder an der Einwanderung, ist am leichtesten
zu ersehen, ob die ganze Einwanderung nur einen vorüber-
gehenden Charakter trägt, oder ob die Einwanderer sich auf
immer in der neuen Heimat niederlassen wollen. Hier fällt
uns vor allem eine sehr starke Beteiligung von Frauen und
Kindern auf (Tabellen XII und XIII). Es ist dabei für die
Gesetzmäßigkeit der jüdischen Einwanderung charakteristisch, daß das Verhältnis zwischen dem weiblichen und
männlichen Geschlecht sich in den Jahren 1907—11 sozusagen stabilisiert hat: es kamen fast regelmäßig in diesen

Tabelle XII.

Verteilung der jüdischen Einwanderer nach dem Geschlecht.

Jahr	Zusammen	Männlich	%	Weiblich	%	
1898/1899	37 415	21 153	57	16 262	43	
1899/1900	60 764	36 330	60	24 434	40	
1900/1901	58 098	32 345	56	25 753	44	
1901/1902	57 688	32 737	57	24 951	43	
1902/1903	76 203	43 985	58	32 218	42	
1903/1904	106 236	65 040	61	41 196	39	
1904/1905	129 910	82 076	63	47 834	37	
1905/1906	153 748	80 086	52	73 662	48	
1906/1907	149 182	80 530	54	68 652	46	
1907/1908	103 387	56 277	54	47 110	46	
1908/1909	57 551	31 057	53,9	26 494	46,1	
1909/1910	84 260	46 206	54,8	38 054	45,2	
1910/1911	91 223	48 935	53,7	42 288	46,3	

Tabelle XIII.

Altersaufbau der jüdischen Einwanderung.

Jahr	Altersklasse					
	unter 14	%	14—45	%	über 45	%
1898/1899	8 987	28	22 619	65	2 409	7
1899/1900	13 092	21	44 239	73	3 433	6
1900/1901	14 731	25	39 830	68	3 537	7
1901/1902	15 312	26	38 937	67	3 439	7
1902/1903	19 044	25	53 074	70	4 085	5
1903/1904	23 529	22	77 224	73	5 483	5
1904/1905	28 553	22	95 964	74	5 393	4
1905/1906	43 620	28	101 875	66	8 253	6
1906/1907	37 696	25	103 779	70	7 707	5
1907/1908	26 013	25	71 388	69	5 986	6
1908/1909	15 210	26	38 465	67	3 876	7
1909/1910	21 869	26	57 191	67,7	5 200	6,2
1910/1911	21 835	23,9	63 674	69,8	5 714	6,3

Jahren 54% männlichen Geschlechts und 46% weiblichen Geschlechts; die Schwankungen dabei sind ganz unbedeutend. Die starke Beteiligung der Männer (63%) im Jahre 1904—05 kann dadurch erklärt werden, daß dieses Jahr der Anfang des russisch-japanischen Krieges war.

Um die starke Beteiligung der Frauen an der jüdischen Einwanderung noch klarer zu Tage treten zu lassen, vergleichen wir sie mit der an der allgemeinen Einwanderung (Tabelle XIV)[147]. Wir sehen, daß im Jahre 1906—07 bei

Tabelle XIV.

Geschlechtsaufbau der allgemeinen und jüdischen Einwanderung in den Jahren 1907 und 1908.

Fiskaljahr	Gesamtzahl		Auf 1000 Männer trafen Fr.	Juden		Auf 1000 Männer trafen Fr.
	männlich	weiblich		männlich	weiblich	
1906/1907	929 976	355 373	382	80 530	68 652	852
1907/1908	506 912	275 958	544	56 277	47 110	837

der Gesamteinwanderung auf 1000 Personen männlichen
Geschlechts 382 weiblichen Geschlechts kamen und im Jabre
1907—08 544; bei den Juden dagegen trafen auf 1000 Personen männlichen Geschlechts im Jahre 1906—07 852 weiblichen Geschlechts und im Jahre 1907—08 837. „Wir haben
bei den Juden zumeist mit einer Familienwanderung zu tun.
Mann, Frau und Kinder verlassen die Heimat, ähnlich wie
in den Zeiten der Völkerwanderung" [148].

Der Altersaufbau der jüdischen Einwanderung
ist nicht nur deshalb interessant, weil man daraus am besten
ersehen kann, inwieweit die Auswanderung alle Alters-
schichten mit sich reißt, sondern auch darum, weil der günstige oder ungünstige Altersaufbau von sehr großer Bedeutung für die Lage der Einwanderer in den Einwanderungsländern ist. Wir haben schon gesehen, wie das ungünstige
Verhältnis zwischen Arbeitsfähigen und Arbeitsunfähigen
nachteilig auf die ökonomische Stellung der jüdischen Arbeiterschaft in Rußland wirkt. Auch bei der jüdischen Einwanderung macht sich dieser Nachteil geltend, sodaß der
jüdische Arbeiter, in Amerika angekommen, nicht freier und
widerstandsfähiger als in Rußland auf dem Arbeitsmarkte
erscheint, sondern alle spezifischen Eigentümlichkeiten des
russisch-jüdischen Lebens mit sich in die neue Heimat
bringt.

Die amerikanische Statistik unterscheidet nur 3 Altersklassen: 1. unter 14 Jahren, 2. zwischen 14 und 45, und 3.
über 45 Jahren. Die Zahl der Kinder unter 14 Jahren
schwankt bei den Juden zwischen 21—28%, die Zahl der
Erwachsenen (zweite Alterklasse: 14—45 Jahre) zwischen
65—73% und die der Alten über 45 Jahre zwischen 4—7%.
(Tabelle XIII p. 120.) Die ungewöhnlich starke Zahl der
Kinder läßt darauf schließen, daß in der jüdischen Einwanderung sich eine beträchtliche Zahl von Familien befindet. Der Jude, der nach Amerika geht, denkt nicht daran,
zurückzukehren; er will sich dort dauernd niederlassen, er
glaubt dort eine neue Heimat zu finden.

Zum Vergleich sei hier noch der Altersaufbau der gesamten, der italienischen und der jüdischen Einwanderung

im Jahre 1907—08 angeführt (Tabelle XV) [149]. „Hier haben
wir den spezifischen Altersaufbau der Einwanderungsbevölkerung: schwache Besetzung der jüngsten Altersklassen
(1—14), gewaltige Ausbauchung bei den produktiven Klassen (14—44) und Konvergierung in den höheren Altersklassen . . . 80,50% machen die produktiven Alterklassen
aus" [150]. Bei den Juden allein ist es ganz anders, wo $^1/_4$
der Gesamtzahl sich im Alter von 1—14 Jahren befindet!

Tabelle XV.

Altersaufbau der gesamten, italienischen und jüdischen
Einwanderung im Jahre 1907—1908.

Alterskl.	Gesamt-zahl	Juden	Italiener	Gesamt-zahl	Juden	Italiener
unter 14	112 148	26 013	21 240	14,30	25,10	15,70
14—45	630 671	71 388	105 071	80,50	69,00	77,60
über 45	40 051	5 986	8 936	5,20	5,90	6,70

Daß die jüdischen Auswanderer vollständig mit ihrer
alten Heimat brechen, zeigt uns die kleine Zahl derjenigen,
die zurückkehren (Tabelle XVI) oder schon einmal in den
Vereinigten Staaten gewesen sind (Tabelle XVII). So ist
aus Amerika im Jahre 1908 fast die Hälfte aller Einwanderer wieder ausgewandert, was allerdings durch die wirtschaftliche Depression dieses Jahres zu erklären ist. Besonders stark war die Rückwanderung bei den Italienern:

Tabelle XVI.

Die Zahl der Einwanderer, die Amerika wieder verließen.

Jahr	Juden		Italiener	
	absolut	in %	absolut	in %
1907/1908	7 702	7,44	167 335	42,30
1908/1909	6 105	10,60	86 439	45,4
1909/1910	5 689	6,75	55 203	24,7
1910/1911	6 401	7,01	76 218	40,12

Tabelle XVII.

Prozentsatz der Einwanderer, die in den V. S. von Amerika
schon wenigstens einmal gewesen sind.

Jahr	Unter allen Ein- wanderern	Unter jüd. Ein- wanderern
1898/1899	18,6	4,6
1899/1900	15,4	3,3
1900/1901	11,6	4,3
1901/1902	9,5	2,8
1902/1903	8,9	1,9
1903/1904	12,8	1,9
1904/1905	17,1	2,07
1905/1906	—	1,73
1906/1907	—,	1,17
1907/1908	8,57	1,8
1908/1909	21,19	4,39

167 335, d. h. 42,30$^0/_0$. Bei den Juden sind nur 7 702 zurück-
gewandert, d. h. 7,44$^0/_0$. Fast dasselbe können wir im Jahre
1910—11 beobachten, wo bei den Juden nur 7,01$^0/_0$ aller Einwanderer Amerika wieder verließen, bei den Italienern dagegen 40,12$^0/_0$. Auch in den übrigen Jahren ist die Zahl der
Juden, die zurückwanderten, nicht groß; denn es gehört ja
zum Charakteristikum der jüdischen Wanderbewegungen,
daß sie keine Saisonwanderungen sind. Die jüdischen Wanderer sind auch keine Wanderer schlechterdings, die unbedingt wandern müssen; der Jude hat im Gegenteil den
Wunsch, sich in der neuen Heimat auf immer niederzulassen.
Tabelle XVII zeigt uns den Prozentsatz der Einwanderer, die in den Vereinigten Staaten wenigstens schon einmal
gewesen sind. Die Zahl solcher „birds of passage" ist bei
den Juden verschwindend klein. Im Jahre 1905—06 gab es
in der jüdischen Einwanderung „birds of passage" nur
1,73$^0/_0$, bei den Italienern 14,5$^0/_0$, bei den Engländern
27,5$^0/_0$. Vergleichen wir ihre Zahl in der gesamten und

jüdischen Einwanderung, so tritt uns der Gegensatz zwischen den Juden und anderen Einwanderern ebenso stark entgegen. So gab es im Jahre 1908—09 bei den Juden „birds of passage" 4,39%, bei der Gesamteinwanderung aber 21,19%.

Vom Fiskaljahre 1909—10 an gibt uns die amerikanische Statistik Auskunft auch über den F a m i l i e n s t a n d der Einwanderer, so daß wir jetzt in der Lage sind, den Familiencharakter der jüdischen Einwanderung mit Hilfe der Zahlen noch klarer und deutlicher zu Tage treten zu lassen. (Tabelle XVIII siehe p. 126—27.) Den Kinderreichtum der jüdischen Einwanderung kennen wir schon. So machen bei den Juden die Knaben unter 14 Jahren, die ledig sind, — als Kuriosum sei · erwähnt, daß unter ihnen (im Jahre 1910) einer verheiratet war, — im Jahre 1909—10 13,31% und im Jahre 1910—11 12,16% aus. Die ledigen Mädchen unter 14 Jahren sind etwas schwächer vertreten: 12,55% und 11,79%; es ist dabei interessant, wie das Überwiegen von Knaben, das bei den Juden in Rußland beobachtet wurde, sich in der Auswanderung widerspiegelt. Bei der gesamten und italienischen Einwanderung sind die Knaben und Mädchen bedeutend schwächer vertreten: es gibt ihrer dort nur halb so wenig wie bei den Juden.

Viel interessanter ist jedoch die zweite Altersklasse: zwischen 14 und 44 Jahren. Was die Ledigen unter ihnen anbetrifft, so gab es bei den Juden weniger ledige m ä n n - l i c h e Personen als bei der Gesamteinwanderung, auch weniger als bei den Italienern; es kamen im Jahre 1910—11 auf je 100 jüdische Einwanderer 24,9 männliche ledige Personen zwischen 14 und 44 Jahren, bei der Gesamteinwanderung aber 34,2, bei den Italienern 34,01. Dafür aber gab es bei den Juden mehr ledige w e i b l i c h e Personen; so kamen in demselben Jahre auf je 100 Juden 19,4 ledige Mädchen im Alter von 14 bis 44 Jahren, bei der Gesamteinwanderung jedoch nur 15,7, bei den Italienern sogar nur 8. Schon daraus allein ersieht man klar den Familiencharakter der jüdischen Einwanderung. Während es in der Gesamt-

einwanderung mehr freie Männer gibt, die leichter und un-
gehinderter ihre Arbeitskraft in der neuen Heimat verkaufen können, und die Mädchen schwächer vertreten sind,
ist die Anzahl der ledigen Frauen bei den Juden sehr bedeutend; es sind meistens Töchter, die zu den jüdischen
Familien gehören. Daß dem wirklich so ist, ersehen wir aus
der Tabelle XIX (siehe p. 128), die uns über den Altersaufbau der ledigen Frauen in der jüdischen, gesamten und italienischen Einwanderung Auskunft gibt. Demnach gab es
unter den jüdischen ledigen Frauen im Alter von 15—19
Jahren im Jahre 1910—11 12,7%, bei der Gesamteinwanderung nur 8,3%, bei den Italienern sogar nur 4,2%. Im Alter
von 20—24 Jahren gab es unter den Jüdinnen fast ebenso
viel ledige Personen wie bei der Gesamteinwanderung (ungefähr 4%), bedeutend mehr jedoch als bei den Italienern
(4,6% gegen 2,3%). Im Gegenteil aber gab es unter den
Jüdinnen weniger ledige Personen im Alter von 25 bis 29
Jahren: 0,8% gegen 1,4% bei der Gesamteinwanderung.
Alle diese Zahlen entrollen dasselbe Bild: auch unter den
ledigen jüdischen weiblichen Personen haben wir mehr junge
Mädchen als bei der Gesamteinwanderung und bei den Italienern, weniger dagegen alleinstehende Frauen in dem
Alter, in dem sie schon — wenigstens bei den Juden in Rußland — verheiratet sind: zwischen 25—29. Dies ist auch
das Alter, in dem sie als Wirtschaftssubjekte für den Da-
seinskampf in Frage kommen.

Noch mehr interessiert uns die Rubrik der Verheirateten. Hier ist es beachtenswert, daß die Differenz zwischen
dem Prozentsatz der verheirateten männlichen Personen im
Alter von 14—44 Jahren und dem Prozentsatz der verheirateten weiblichen Personen desselben Alters bei den
Juden ganz unbedeutend ist, während bei der Gesamteinwanderung und den Italienern, die ja nur vorübergehend
nach Amerika übersiedeln, der Prozentsatz der verheirateten Männer bedeutend den der verheirateten Frauen über-
steigt. So gab es im Jahre 1910—11 bei den Juden
13,67% der verheirateten männlichen Personen und 10,88%
der verheirateten weiblichen Personen in demselben Alter
(14—44). Die Differenz: 2,79. Bei der Gesamteinwande-

Tabelle XVIII.

Familienstand der jüdischen, der gesamten und der italienischen Einwanderung.

Männlich

| Jahr | weniger als 14 Jahre alt, ledig | | 14—44 | | | | | | über 45 | | | | | |
| | | | ledig | | verheiratet | | verwitwet | | ledig | | verheiratet | | verwitwet | |
	absolut	in %	absolut	in %	absolut	in %	absolut	in %	absol.	in %	absolut	in %	absol.	in %
I. Jüdische														
1909/1910	11 218	13,31	19 812	22,32	12 284	14,57	249	0,29	49	0,05	2 180	2,58	326	0,38
1910/1911	11 073	12,16	22 525	24,91	12 479	13,67	254	0,27	45	0,04	2 207	2,41	333	0,36
II. Gesamte														
1909/1910	61 969	5,94	353 936	33,98	283 075	27,17	3 216	0,30	1 763	0,16	29 257	2,80	2 679	0,25
1910/1911	60 248	6,85	300 506	34,20	180 996	20,60	2 450	0,25	1 868	0,21	21 427	2,43	2 510	0,28
III. Italienische														
1909/1910	11 946	5,34	75 309	33,70	78 087	34,94	676	0,30	257	0,11	8 159	3,65	541	0,24
1910/1911	12 815	6,74	64 620	34,01	54 109	28,48	476	0,25	305	0,16	6 156	3,24	452	0,23

I. Jüdische

Weiblich

Jahr	weniger als 14 Jahre alt, ledig		14—44						über 45					
			ledig		verheiratet		verwitwet		ledig		verheiratet		verwitwet	
	absolut	in %	absolut	in %	absolut	in %	absolut	in %	absol.	in %	absolut	in %	absol.	in %
1909/1910	10 581	12,55	13 966	16,57	10 142	12,03	692	0,82	16	0,01	1 426	1,69	1 196	1,41
1910/1911	10 762	11,79	17 682	19,38	9 930	10,88	744	0,81	28	0,03	1 670	1,83	1 417	1,55

II. Gesamte

1909/1910	58 540	5,62	131 579	12,63	91 004	8,73	5 256	0,50	1 248	0,11	10 050	0,96	7 709	0,74
1910/1911	57 589	6,54	137 604	15,66	87 961	10,01	4 989	0,56	1 541	0,17	10 316	1,17	8 328	0,96

III. Italienische

1909/1910	10 841	4,85	14 315	6,40	18 744	8,38	712	0,31	107	0,04	2 044	0,91	1 682	0,75
1910/1911	11 256	5,92	15 234	8,02	19 777	10,41	693	0,36	131	0,06	2 234	1,17	1 690	0,89

Tabelle XIX.

Altersaufbau der ledigen Frauen in der jüdischen, gesamten und italienischen Einwanderung.

I. Jüdische

Jahr	Es gab unter den ledigen Frauen im Alter von							
	15—19		20—24		25—29		30—34	
	absolut	in %	absolut	in %	absolut	in %	absol.	in %
1909/1910	8 454	10,03	3 483	4,13	626	0,74	171	0,20
1910/1911	11 552	12,66	4 199	4,60	725	0,79	142	0,15

II. Gesamte

1909/1910	60 572	5,81	39 835	3,82	14 683	1,40	5 290	0,50
1910/1911	73 054	8,31	40 804	4,64	12 692	1,44	4 252	0,48

III. Italienische

1909/1910	5 795	2,59	4 164	1,86	1 541	0,68	511	0,22
1910/1911	7 968	4,19	4 414	2,33	1 445	0,76	412	0,21

rung dagegen gab es 20,60% der verheirateten Männer und 10,01% der verheirateten Frauen. Die Differenz: 1 0 , 5 9. Noch größer ist der Unterschied bei den Italienern: 28,48—10,41 = 1 8 , 7. Das heißt: bei den Juden kommen viel mehr verheiratete Männer m i t ihren Frauen an, als bei der Gesamteinwanderung und den Italienern. Dasselbe können wir im Jahre 1909—10 wahrnehmen. Die Judenwanderung ist eine Familienwanderung.

Die Zahl der Witwer im Alter von 14—44 Jahren ist bei den Juden, der Gesamteinwanderung und den Italienern fast dieselbe, jedoch was die Zahl der Witwer im Alter über 45 anbetrifft, so ist ihr Prozentsatz bei den Juden (im Jabre 1910 : 0,38; im Jahre 1911 : 0,36) doch etwas höher als bei der Gesamteinwanderung (0,25; 0,28) und den Italienern (0,24; 0,23). Die jüdischen Witwen sind jedoch in beiden Altersklassen stärker vertreten als unter den übrigen Einwanderern. Auch die Älteren, die verwitweten Väter und Mütter, ziehen mit den Jüngeren in die neue Heimat herüber.

Die finanzielle Lage der jüdischen Einwanderer (Tabelle XX) zeigt uns ein lehrreiches, aber auch ein sehr trauriges Bild.

Tabelle XX.

Finanzielle Lage der jüdischen Einwanderer.

Jahr	Es brachten mit				Im ganzen in Dollars	Auf den Kopf trafen in Dollars bei den Juden	Es hatten von den Juden gar kein Geld (in %)	Auf den Kopf trafen in Dollars bei der Gesamteinwanderung
	50 Dollars oder mehr		weniger als 50 Dollars					
	absolut	in %	absolut	in %	Dollars			
1898/1899	2 111	5,6	13 371	35,7	322 713	8,60	58,7	17
1899/1900	3 322	5,4	24 799	40,7	527 163	8,70	53,9	15
1900/1901	3 111	5,3	19 394	33,3	487 787	8,40	61,4	15
1901/1902	2 358	4,0	19 901	34,5	420 252	7,30	61,5	16
1902/1903	4 648	6,0	29 029	38,0	738 866	9,70	56,0	19
1903/1904	6 088	5,7	46 761	44,0	1 601 848	15,00	50,3	26
1904/1905	7 091	5,2	59 319	45,6	1 824 617	14,00	49,2	24,5
1905/1906	8 151	5,3	50 720	32,9	2 362 125	15,36	61,8	22,81
1906/1907	7 213	4,8	56 594	37,9	1 966 091	13,18	57,3	20,80
1907/1908	4 790	4,6	39 669	38,3	1 242 775	12,00	57,1	22,60
1908/1909	3 008	5,2	21 118	36,6	754 223	13,1	58,2	23,0
1909/1910	5 812	6,8	24 832	29,4	1 467 480	17,4	63,8	27,0
1910/1911	6 962	7,6	39 069	42,9	1 968 244	21,5	49,5	33,4

Es kamen auf den Kopf der jüdischen Einwanderer zwischen 7,30 und 21,5 Dollars, während bei der Gesamteinwanderung jeder Einwanderer zwischen 15 und 33,4 Dollars mitbrachte. Die letzten zwei Jahre verzeichnen eine starke Verbesserung; so erreicht gerade im letzten Jahre die Summe des mitgebrachten Geldes (pro Kopf der Einwanderungsbevölkerung) eine bis jetzt noch nie dagewesene Höhe (bei den Juden 21,5, bei der Gesamteinwanderung 33,4 Dollars), was wohl eher durch die strengere Handhabung der Einwanderungsgesetze erklärt werden kann, als durch wirkliche Hebung des Wohlstandes. — Was die Juden anbetrifft, so muß weiter noch der Umstand berücksichtigt werden, daß bei ihnen die Zahl der Geldträger überhaupt eine geringere als bei der Gesamteinwanderung ist, da die Juden am meisten Kinder unter 14 Jahren und Frauen in ihren Reihen aufweisen. Jedoch stehen auch unter Heranziehung dieses Momentes die Juden hinter der Gesamteinwanderung zurück, obwohl sie dann nicht mehr die ärmste Einwanderungsbevölkerung bilden. Das besprochene Moment wird allerdings zum Teil durch den Umstand aufgewogen, daß die von den Juden mitgebrachte Geldsumme die Grundlage ihrer dauernden Niederlassung bilden soll, während die übrigen Einwanderer, die nur auf gewisse Zeit nach Amerika kommen, und dazu meist ohne Familie, weniger Ausgaben haben. Die Juden müssen eben mit dem mitgebrachten Geld im Durchschnitt mehr Bedürfnisse decken, als die übrigen Einwanderer.

Die finanzielle Lage der jüdischen Einwanderung läßt mithin noch viel zu wünschen übrig. Die Zahl derjenigen, die 50 oder mehr Dollars mitbringen, beträgt in allen Jahren $5^0/_0$ — (abgesehen von den letzten 2 Jahren) —, die Schwankungen dabei sind ganz unbedeutend. „Es liegt etwas Fatales in diesen jedes Jahr mit fast mathematischer Genauigkeit sich wiederholenden 5 Prozenten. Man fühlt hier die strenge und tiefe Gesetzmäßigkeit der jüdischen Emigration" [151]. Die Konjunkturen im Aus- und Einwanderungslande wechselten, das jüdische Leben selbst verzeichnete verschiedene tiefgehende Ereignisse — aber immer kamen in der jüdischen Einwanderung auf 95 arme nur 5 wohlhabende Juden. Auch ist die Zahl der jüdischen Einwanderer, die kein Geld hatten, sehr groß. Es gibt deren mehr als die Hälfte aller jüdischen Einwanderer; ziehen wir dabei den Prozentsatz der Kinder ab, so bleiben doch $25—30^0/_0$ der jüdischen Einwanderer übrig, die völlig mittellos sich in der neuen Heimat einfanden.

Wir kommen zu der wichtigen Frage d e r b e r u f l i c h e n G l i e d e r u n g der jüdischen Einwanderung. Die amerikanische Statistik unterscheidet nur 4 Gruppen: 1. Angehörige der freien Berufe, 2. gewerblich Vorgebildete, 3. Angehörige verschiedener Berufe und 4. Berufslose.

Aus der Tabelle XXI ersehen wir nun, daß es in der jüdischen Einwanderungsbevölkerung in der Zeit von

Tabelle XXI.
Berufliche Gliederung der jüdischen Einwanderer.

Jahr	Angehörige der freien Berufe		Gewerblich Vorgebildete		Angehörige versch. Berufe		Berufslose	
	absolut	%	absolut	%	absolut	%	absolut	%
1888/1889	197	0,50	12 276	32,8	5 253	14,3	19 689	52,5
1889/1900	253	0,40	21 047	34,7	9 484	15,6	29 980	49,3
1900/1901	294	0,50	18 352	31,6	7 745	13,3	31 707	54,5
1901/1902	295	0,50	17 841	30,9	13 616	23,6	25 952	45,0
1902/1903	499	0,60	27 071	35,50	17 481	22,8	31 152	40,9
1903/1904	843	0,80	45 109	42,5	21 799	20,5	38 485	36,2
1904/1905	1 163	0,90	60 135	46,3	21 741	16,7	46 871	36,0
1905/1906	1 094	0,71	51 141	33,2	24 370	15,80	77 143	50,0
1906/1907	1 045	0,70	55 552	37,2	23 673	16,00	68 912	46,17
1907/1908	713	0,68	36 193	35,0	19 759	19,1	46 722	45,2
1908/1909	456	0,79	18 219	31,6	9 761	16,9	29 115	50,8
1909/1910	619	0,73	32 887	39,0	12 307	14,6	38 447	45,7
1910/1911	736	0,80	39 092	42,9	13 170	14,4	38 225	41,9
Sa.	8 207	0,70	434 915	37,3	200 159	17,2	522 400	44,8

1888—89 bis 1910—11 8 207 Angehörige der freien Berufe gab, d. h. 0,70% der gesamten jüdischen Einwanderung dieser 13 Jahre, 434 915 gewerblich Vorgebildete, d. h. 37,3%; 200 159 Angehörige verschiedener Berufe, d. h. 17,2%, und 522 400 Berufslose, d. h. 44,8%.

Die große Zahl der Berufslosen fällt sofort auf: sie machen in einem Jahre (1900—01) sogar 54,5% aus und ihre Zahl sinkt nur im Jahre 1904—05 auf 36% der gesamten jüdischen Einwanderung.

In Wirklichkeit ist jedoch die Zahl der Berufslosen in der jüdischen Einwanderung bedeutend kleiner. Der ungewöhnlich hohe Prozentsatz der rohen Statistik des Commissioner-General

of Immigration erklärt sich leicht durch den bekannten
Mangel der amerikanischen Einwanderungsstatistik. Dieser
Mangel besteht aber darin, daß bei der beruflichen Gliederung der Einwanderer nicht nur Erwachsene und Erwerbs-
tätige gezählt werden, sondern die ganze Masse der Einwanderer, K i n d e r u n d F r a u e n m i t g e r e c h n e t.
Nun ist es natürlich, daß bei den Juden, die eine so große
Anzahl von Kindern und Frauen aufweisen, der Prozentsatz
der Berufslosen eine ganz ungewöhnliche Höhe erreicht.

Um nun den wirklichen prozentualen Anteil der Berufslosen an der jüdischen Einwanderung festzustellen,
wollen wir nach der Methode verfahren, die zuerst Dr. K.
V o r n b e r g in seiner ausgezeichneten Arbeit über die
„Jüdische Emigration" angewendet hat. Er nimmt an, daß
die Kinder unter 14 Jahren in die Rubrik der Berufslosen
nicht hineingehören und zieht deshalb den prozentualen
Anteil der Kinder an der Einwanderung von dem Prozentsatz der Berufslosen ab. Hier ist die Umrechnung
einfach, komplizierter wird sie in Bezug auf die Frauen.
Natürlich wäre es nicht richtig, alle Frauen von dem Prozentsatz der Berufslosen einfach abzuziehen. Das Maß
muß hier das Verhältnis zwischen den erwerbstätigen Män-
nern und Frauen abgeben. Nun gab es nach der Materialiensammlung der ICA in Rußland auf 500 986 jüdische
Handwerker 76 548 jüdische Frauen, die im Handwerk tätig
waren, was 15,26% aller im Handwerk tätigen Personen
ausmacht. „Das heißt, daß bei der gleichen Zahl von Män-
nern und Frauen unter den letzteren etwa $6^2/_3$ mal so viel
Personen ohne bestimmten Beruf gibt, als bei den Män-
nern" [152]. Doch ist dies Verhältnis in verschiedenen Ländern ein verschiedenes. V o r n b e r g nimmt nun das Ver-
hältniss 1 zu 4 an und setzt voraus, daß sich unter den gewerblich Vorgebildeten 25% erwerbstätiger Frauen befinden. Als Basis für das Verhältnis zwischen den Geschlechtern in der Einwanderung werden 37% Frauen und 63%
Männer angenommen.

Die Umrechnung zeigt nun folgendes Bild der wirklichen Zahl der Berufslosen in der jüdischen Einwanderung (Tabelle XXII siehe p. 133). Statt der Zahl 36—54,5%

Tabelle XXII.

Die Zahl der Berufslosen in der jüdischen Einwanderung.

Jahr	Nach dem Bericht		Prozent-satz der Kinder		Es gab Frauen über 37%		Nach dem Verhältnis 1 : 4		Darnach be-trägt der Prozentsatz d. Berufslos.
1888/1899	52½	—	28	—	(6	=	4½)	=	20
1899/1900	49	—	21	—	(3	=	2¼)	=	25¾
1900/1901	54½	—	25	—	(7	=	5¼)	=	24¼
1901/1902	45	—	26	—	(6	=	4½)	=	14½
1902/1903	41	—	25	—	(5	=	3¾)	=	12¼
1903/1904	36	—	22	—	(2	=	1½)	=	12½
1904/1905	36	—	22	—	(—	=	—)	=	14
1905/1906	50	—	28	—	(11	=	8¼)	=	13¾
1906/1907	46	—	25	—	(9	=	6¾)	=	14¼
1907/1908	45	—	25	—	(9	=	6¾)	=	13¼
1908/1909	51	—	26	—	(9	=	6¾)	=	18¼
1909/1910	46	—	26	—	(8	=	6)	=	14
1910/1911	42	—	24	—	(9	=	6¾)	=	11¾

sehen wir $11^3/_4$—$25^3/_4 {}^0/_0$, wobei es nur in den Fiskaljahren 1899—1900 und 1900—1901 mehr als 20% Berufslose gab. Sonst schwankt der Prozentsatz der jüdischen Berufslosen zwischen $11^3/_4$ und $18^1/_4 {}^0/_0$.

Natürlich ist die vorgenommene Umrechnung nicht ganz genau; doch ist die Differenz nicht groß, und man kann jedenfalls getrost behaupten, daß die jüdische Einwanderung in dieser Beziehung nichts Anormales darstellt. Ihr ausgesprochener Arbeitercharakter tritt hingegen klar und deutlich hervor, wenn wir andere soziale Gruppen betrachten. Die Juden gehen nämlich nach Amerika nicht als Glückssucher, sondern vor allem, um zu arbeiten. Dies wird noch bekräftigt durch den Vergleich, den wir zwischen der beruflichen Gliederung der jüdischen Einwanderungsbevölkerung und der der anderen Nationalitäten (im Jahre 1910—11) ziehen. Es ist im höchsten Maße beachtenswert, daß die Juden, was die Zahl der gewerblich Vorgebildeten anbetrifft, an der Spitze aller Nationen stehen (mit 42,9%)

(Tabelle XXIII). An die zweite Stelle kommen die Schotten mit 35⁰/₀. Im Gegensatz hierzu ist die Klasse der Angehörigen verschiedener Berufe bei den Juden am schwächsten vertreten (hier stehen sie an der letzten Stelle);

Tabelle XXIII.

Berufliche Gliederung verschiedener Nationalitäten in der Einwanderung im Jahre 1910/1911.

Nationalität	Angehörige der freien Berufe		Gewerblich Vorgebildete		Angehörige verschieden. Berufe		Berufslose	
	absol.	in %	absolut	in %	absolut	in %	absolut	in %
Afrikaner . . .	113	1,7	1 634	24,3	3 811	56,7	1 163	17,3
Armenier . . .	52	1,7	741	24,0	1 794	58,0	505	16,3
Böhmen u. Mähren	93	1,0	2 455	26,6	3 482	37,8	3 193	34,6
Bulgaren, Serben u. Montenegriner .	13	0,1	514	5,0	8 851	86,6	844	8,3
Chinesen	100	7,7	11	0,8	898	68,7	298	22,8
Kroaten und Slovaken	25	0,1	1 049	5,5	14 223	74,9	3 685	19,9
Dalmaten, Bosnier u. Herzegowiner	17	0,4	236	5,4	3 715	84,4	432	9,8
Holländer und Flamländer . .	317	2,3	2 314	16,7	5 114	36,9	6 117	44,1
Engländer . . .	2 749	4,8	16 628	29,0	14 585	25,5	23 296	40,7
Finnländer . . .	56	0,6	892	9,1	6 681	70,4	1 950	19,9
Franzosen . . .	817	4,5	3 379	18,6	6 621	36,5	7 315	40,4
Deutsche	1 893	2,9	13 435	20,2	25 874	38,9	25 269	38,0
Griechen	121	0,3	2 407	6,5	31 407	84,8	3 086	8,5
Juden	736	0,80	39 092	42,9	13 170	14,4	38 225	41,9
Irländer	712	1,8	6 267	15,6	26 596	66,1	6 671	16,6
Italiener	933	0,5	21 052	11,0	118 119	62,0	49 846	26,6
Japaner	180	3,9	88	1,9	1 742	38,3	2 565	56,0
Lithauer	18	0,1	113	0,7	12 887	80,4	3 009	18,8
Ungarn	129	0,6	1 640	8,3	11 525	57,6	6 702	33,5
Mexikaner . . .	251	1,4	1 554	8,3	8 635	46,0	8 344	44,5
Polen	170	0,2	5 384	7,5	50 181	70,2	15 711	21,9
Portugiesen . . .	31	0,4	356	4,8	4 823	64,6	2 259	30,2
Rumänen	17	0,3	213	4,0	4 064	76,6	1 017	18,5
Russen	153	0,8	1 216	6,5	15 337	81,9	2 015	10,8
Ruthenen . . .	23	0,1	431	2,5	14 928	84,2	2 342	13,2
Skandinavier . .	702	1,5	9 161	20,0	28 107	61,3	7 889	17,2
Schotten	778	3,0	8 933	35,0	6 645	26,0	9 269	36,0
Slovaken	7	0,03	674	3,2	15 612	72,9	5 122	23,9
Spanier	191	2,4	2 312	28,7	3 512	43,5	2 044	25,4
Türken	17	1,9	83	9,0	723	78,8	95	10,3

dies kann übrigens leicht dadurch erklärt werden, daß die Rubrik der Angehörigen verschiedener Berufe auch die der landwirtschaftlichen Arbeiter enthält, welche ja, wie bekannt, in der jüdischen Einwanderung eine ganz unbedeutende Rolle spielen.

Die Zahl d e r A n g e h ö r i g e n d e r f r e i e n B e - r u f e in der jüdischen Einwanderung ist nicht groß; ihr prozentualer Anteil beträgt nur 0,70%, obwohl es ihrer in der jüdischen Bevölkerung Rußlands viel mehr gibt (5,22%). Ihre Lebensbedingungen sind eben noch verhältnismäßig gut, und ihr Bedürfnis auszuwandern, ist nicht so groß. Außerdem sind es schließlich nur Einzelne, die sich in freien Berufen auch in Amerika durchsetzen können. Es lohnt sich jedoch, zu untersuchen, welche von den freien Berufen an der Auswanderung am meisten beteiligt sind. Man bekommt dadurch nicht nur einen näheren Einblick in die soziale Struktur der jüdischen Wanderungen, sondern auch manche recht interessante Aufschlüsse über das Leben der jüdischen Intelligenz Rußlands.

Die Lehrer und die Musiker sind es nun, die innerhalb der freien Berufe in der jüdischen Einwanderung dominieren: die ersteren mit 29,6% und die letzteren mit 21,3%. (Tabelle XXIV siehe p. 136). Vergleichen wir ferner die Stärke verschiedener Berufe in der Einwanderung im Laufe der letzten 13 Jahre mit derjenigen in Rußland (Tab. XXV siehe p. 137), so fällt uns vor allem die unverhältnismäßig starke Auswanderung der Vertreter von Wissenschaft, Literatur und Kunst auf: sie wandern 12 mal so stark aus, als sie eigentlich ihrer Stärke im Heimatslande gemäß auswandern sollten; sie machen in der Auswanderung 48,7% aus, während ihr prozentualer Anteil an der jüdischen Bevölkerung Rußlands nur 4,2% beträgt. In der Tat wandern die Vertreter von Wissenschaft, Literatur und Kunst noch stärker aus, als hier angegeben ist: denn die Zahlen beziehen sich nur auf die Vereinigten Staaten, während, wie bekannt, eine beträchtliche Zahl von Gelehrten, Schriftstellern und Künstlern in allen Großstädten des Kontinents sich dauernd aufhalten.

Die Besten des Volkes, seine Führer, angeekelt von den

Tabelle XXIV.

Freie Berufe in der jüdischen Einwanderung.

Beruf	1898/ 1899	1899/ 1900	1900/ 1901	1901/ 1902	1902/ 1903	1903/ 1904	1904/ 1905	1905/ 1906	1906/ 1907	1907/ 1908	1908/ 1909	1909/ 1910	1910/ 1911	Ins- gesamt	In %
Schauspieler . .	2	2	20	20	16	28	25	23	27	27	34	24	30	278	3,4
Architekten . .	—	—	—	—	—	27	21	25	12	12	3	8	12	120	1,5
Geistliche . .	5	4	5	14	27	51	57	52	37	37	23	26	30	380	4,6
Verleger, Wissenschaftler und Schriftsteller	—	—	2	3	4	45	119	58	68	82	67	21	48	517	6,3
Elektrotechniker u. Ingenieure	19	23	30	38	81	98	123	116	123	79	40	73	91	934	11,4
Rechtsanwälte .	1	—	2	1	2	6	7	3	4	2	3	3	14	48	0,6
Musiker . . .	—	72	61	52	108	260	342	227	178	133	81	110	129	1753	21,3
Beamte . . .	—	—	—	—	—	4	4	1	1	5	2	1	—	18	0,2
Ärzte	3	2	12	6	9	70	94	40	17	14	9	14	11	301	3,7
Skulptoren und Künstler . .	5	16	16	25	31	36	47	43	66	31	19	22	20	377	4,6
Lehrer . . .	91	109	103	98	147	211	322	333	269	194	124	191	236	2428	29,6
Andere Berufe .	71	25	43	38	74	7	2	173	231	97	51	126	115	1053	12,8
Zusammen	197	253	294	295	499	843	1163	1094	1045	713	456	619	736	8207	100.0

Tabelle XXV.

Freie Berufe bei den Juden:

Beruf	I. in Rußland (nach der Volkszählung vom Jahre 1897)		II. in der jüd. Einwanderung im Laufe von 13 Jahren (1899—1911)	
	absolut	in %	absolut	in %
Notare, Advokaten und deren Hilfspersonal	1 037	1,5	48	0,6
Geistliche und geistliche Beamte .	20 135	29,0	380	4,6
Unterricht und Erziehung	35 273	50,9	2 428	29,6
Wissenschaft, Literatur und Kunst .	2 870	4,2	3 997	48,7
Öffentliche Gesundheitspflege . .	9 770	14,1	301	3,7
Wohltätigkeitspflege	197	0,3	andere Berufe: 1 053	12,8
Zusammen	69 282	100,0	8 207	100,0

unausgesetzten Unterdrückungen und Scherereien, verlassen das Land, um auf neuem Boden, in fernen Ländern, sich ein besseres, ein glücklicheres Dasein zu erkämpfen.

Ziemlich stark ist ferner die Auswanderung der jüdischen Lehrer (29,6%, in Rußland dagegen machen sie 50,9% der Angehörigen liberaler Berufe aus, was ja weiter nicht Wunder nehmen kann; denn es sind meistens gar keine berufsmäßigen Lehrer, sondern Angehörige verschiedener Berufe, die nur irgend ein unglückliches Geschäft oder sonst ein böser Schlag zum Lehrer gemacht hat. Jedenfalls ist es aber für die jüdische Masse Rußlands nicht gerade von Vorteil, daß ihre Erzieher in so großer Zahl das Land verlassen. — Besser scheint die Lage der Geistlichen zu sein, noch besser die der Rechtsanwälte und der Ärzte. Es ist übrigens charakteristisch, mit welch merkwürdiger Schnelligkeit und fast mathematischer Genauigkeit die Auswanderung all die Vorgänge im Leben der Juden in Rußland widerspiegelt: so schwankte lange Zeit hindurch die Zahl der einwandernden Rechtsanwälte jährlich zwischen 3 und 6, um plötzlich auf 14 emporzuschnellen — genau in dem Jahre (1910—11), in dem man dem jüdischen Rechtsanwaltstande neue und starke Beschränkungen auferlegte.

Von den Angehörigen verschiedener Berufe interessieren uns am meisten die Handeltreibenden. Leider gibt uns die amerikanische Statistik gar keine Aufschlüsse über die Art und Größe des Handels, dem die nach Amerika einwandernden jüdischen Handeltreibenden angehören. Daß aber der Geldhandel dabei gar zu wenig vertreten ist, geht daraus hervor, daß die Zahl der Bankiers, die nach Amerika im Laufe der letzten 13 Jahre einwanderten, nur 50 beträgt, was $0,004^0/_0$ der gesamten jüdischen Einwanderung und $0,09^0/_0$ aller Handeltreibenden ausmacht (Tabelle XXVI siehe p. 139). In Rußland macht der Geldhandel $0,15^0/_0$ der gesamten jüdischen Bevölkerung aus.

Wir wissen schon, daß neben den Handwerkern $(38,65^0/_0)$ die Handeltreibenden $(35,43^0/_0)$ fast $^2/_3$ der jüdischen Bevölkerung Rußlands ausmachen. Der prozentuale Anteil dieser zwei sozialen Gruppen an der Auswanderung ist jedoch sehr verschieden. Während sie in Rußland fast gleichmäßig vertreten sind, kann man dies von ihrer Zahl in der jüdischen Einwanderung nicht sagen.

So ersehen wir aus der Tabelle XXVI (siehe p. 139), daß der prozentuale Anteil der Handeltreibenden in der jüdischen Einwanderung zwischen $4^0/_0$ und $5^0/_0$ schwankt und im Laufe der letzten 13 Jahre durchschnittlich $4,6^0/_0$ ausmacht, d. h.: daß die Handeltreibenden sich 8 mal so wenig an der Auswanderung beteiligen, als sie sich eigentlich ihrer Stärke im Auswanderungslande gemäß beteiligen sollten. Das ist umso befremdender, als, wie wir schon gesehen haben, die ökonomische Lage der Handeltreibenden in Rußland nicht gerade als eine glänzende zu bezeichnen ist, und sie ebenso unter der Unterdrückung zu leiden haben, wie etwa die jüdischen Handwerker. Der prozentuale Anteil der gewerblich Vorgebildeten in der jüdischen Einwanderung (in der Zeit von 13 Jahren $37,3^0/_0$) entspricht aber vollständig der Zahl der jüdischen Handwerker in Rußland $(35,43^0/_0)$.

Wie Vornberg treffend bemerkt, kann uns diese Erscheinung viel lehren, vor allem aber muß sie uns dazu führen, die jüdische Auswanderung nicht als eine zufällige, sporadische Erscheinung zu betrachten, sondern als eine

Tabelle XXVI.

Zahl der Handeltreibenden in der jüdischen Einwanderung.

Jahr	Kaufleute und Händler	Kommis, Buchhalter u. Handels- gehülfen	Bankiers	Insgesamt	In °/₀ zu der jüd. Einwan- derung
1888/1889	1 307	392	—	1 699	4,5
1899/1900	1 917	490	3	2 410	3,9
1900/1901	1 999	626	—	2 625	4,5
1901/1902	2 246	553	—	2 799	4,8
1902/1903	2 363	1 066	1	3 430	4,5
1903/1904	3 464	1 864	7	5 335	5,02
1904/1905	4 596	2 543	5	7 144	5,4
1905/1906	3 495	2 370	10	5 875	3,8
1906/1907	3 534	2 497	3	6 034	4,04
1907/1908	2 416	2 035	6	4 457	4,3
1908/1909	1 574	1 106	8	2 688	4,6
1909/1910	2 580	1 906	4	4 490	5,3
1910/1911	2 635	2 294	3	4 932	5,4
Sa.	34 126	19 742	50	53 918	4,6

„ernste, tiefe und gesetzmäßige Erscheinung des jüdischen Lebens".

Außerdem ist es klar, daß die Ursachen der jüdischen Auswanderung nicht allein in der politischen Unterdrückung, Rechtlosigkeit und Furcht vor den Pogromen liegen können. Denn damit kann man offenbar nicht die Tatsache erklären, warum zwei verschiedene soziale Gruppen, die unter der Unterdrückung gleich leiden, nichtsdestoweniger ganz verschieden sich an der Auswanderung beteiligen. Die rechtliche Unterdrückung kann insbesondere hier nichts erklären, da es ja gerade die jüdischen Handwerker sind, welche — wenigstens auf dem Papier — die Freizügigkeit in Rußland haben, der Handelsstand aber in der Tat viel mehr Beschränkungen unterworfen ist, als der der Handwerker.

Somit kommen wir mit Erklärungen, die in der rechtlichen Lage der Juden in Rußland begründet sind, nicht aus.

R u p p i n hat nun versucht, die Erscheinung durch gewisse rationelle Motive zu erklären. „Bemerkenswert ist
die geringe Zahl von Händlern und Kaufleuten, die davon
Zeugnis geben, daß die Auswanderung doch wenigstens
einigermaßen von rationellen Motiven geleitet wird, da in
den Vereinigten Staaten der jüdische Handwerker aus Osteuropa immer noch bessere Chancen hat, als der
Händler"[153].

Diese Erklärung ist schon zutreffender, obwohl es sehr
riskant ist, die Anteilnahme irgend einer sozialen Gruppe
an der Auswanderung nur durch die Verhältnisse im E i n -
w a n d e r u n g s lande erklären zu wollen. Zwar sind sie
von einer ganz großen Bedeutung und bestimmen meistens
das Ziel der Wanderer; — die Grundursache der Auswanderung aber liegt immer nur im A u s w a n d e r u n g s lande.

Und nun erinnern wir an das, was wir in dem einleiten-
den Kapitel zu der dritten Periode ausgeführt haben. Der
jüdische Händler ist auf die Masse seiner Volksgenossen
angewiesen, d i e m i t i h m d i e g l e i c h e S p r a c h e
s p r e c h e n; er spricht unmittelbar mit dem Konsumenten,
sein Wirkungsgebiet fällt örtlich zusammen mit den Grenzen der nationalen Sprache. Deshalb wechselt dieser jüdische, wohl bemerkt: Kleinhändler nicht gerade gerne seinen
Absatzmarkt; er hält sich an seine Kunden und hofft immer,
in der alten Heimat noch vorwärts zu kommen. Außerdem
aber, — was vielleicht noch wichtiger ist, — kann man mit
einer gewissen Sicherheit behaupten, daß die ökonomische
Entwickelung Rußlands das Aufblühen des Kaufmannsstandes herbeiführen wird. Dieser Meinung ist auch V o r n -
b e r g. Leider fehlen einstweilen jegliche statistische Angaben, die als Beweis hierfür vorgebracht werden könnten,
so daß man nur aus der Entwickelung anderer Länder auf
die zukünftige Entwickelung Rußlands schließen kann. Und
von der Vermehrung der Händlerschaft sagt S o m b a r t:
„Eine solche ist in der Tat in allen Ländern fortschreitender
Kultur eingetreten und zwar mit solcher Regelmäßigkeit,
daß wir geradezu den Anteil der Handel treibenden Bevölkerung an der Gesamtbevölkerung als einen Gradmesser
der wirtschaftlichen Entwickelung betrachten können"[154].

Daher ist es der jüdische Kaufmannsstand, der vor allen anderen sozialen Gruppen des jüdischen Volkes am meisten von der zukünftigen Entwickelung Rußlands zu erwarten hat, weshalb er auch in so geringer Zahl auswandert.

———

Anders steht es mit dem jüdischen Handwerk. Hier führt die ökonomische Entwickelung und die Vervollkommnung der Produktionstechnik zur ununterbrochenen Schmälerung des Absatzgebietes der Handwerker und verdrängt sie mehr und mehr aus der Produktion des Landes. Die Masse der jüdischen Handwerker, die zu Arbeitslosen herabsinken, wird deshalb größer und größer, und sie sind es, die so stark die Reihen der jüdischen Auswanderer füllen. „Während der Krise von 1902 ist ein Drittel der Bjalostoker jüdischen Weber emigriert" [155]. 46,3% aller Juden, die seit dem 1. Juli 1904 bis zum 30. Juni 1905 nach Amerika einwanderten, waren Handwerker. Aber auch in den vorhergehenden und nachfolgenden Jahren war der prozentuale Anteil der jüdischen Handwerker an der Einwanderung kein geringer. Wie die Tabelle XXI (siehe oben p. 131) zeigt, waren es gewerblich Vorgebildete, die 37,3% aller Juden bildeten, die im Laufe von 13 Jahren (1889—1911) nach Amerika einwanderten. Somit aber bilden die Handwerker die Hauptarmee der jüdischen Einwanderung.

· Es wäre eine höchst interessante Aufgabe, die verschiedenen Gewerbezweige aus der Masse der gewerblich Vorgebildeten herauszugreifen und ihren prozentualen Anteil an der Auswanderung mit demjenigen zu der Zahl aller Handwerker resp. der gesamten jüdischen Bevölkerung in Rußland zu vergleichen. Wir beschränken uns jedoch auf die im jüdischen Leben so wichtigen Gebiete des Bekleidungsgewerbes und der Lederbearbeitung. So ersehen wir aus der Tabelle XXVII (siehe p. 142), daß die Zahl der im Bekleidungsgewerbe beschäftigten Personen 178 070 beträgt, d. h. 35,53% aller jüdischen Handwerker Rußlands (nach der Enquete der ICA). Nach der

Tabelle XXVII.

Zahl der jüdischen Handwerker im Bekleidungsgewerbe.

Art des Gewerbes	absolut	In % zu der Zahl aller Handwerker
Schneider	95 845	19,13
Schneiderinnen	32 619	6,51
Weißnäher.	1 640	0,33
Weißnäherinnen	17 331	3,45
Putzmacherinnen	4 125	0,82
Hutmacher . . :	16 254	3,24
Strumpfwirker	7 242	1,45
Kürschner . . , ...	4 202	0,84
Posamentierer	2 337	0,47
Färber	6 112	1,22
Friseure	6 054	1,21
Andere	193	0,04
	193 954	38,71
Gewerbe, die in der amerikanischen Statistik nicht vorhanden sind . .	15 884	31,8
	178 070	35,53

amtlichen Volkszählung aber sind in der Bekleidungsindustrie nicht weniger als 254 384 (202 714 Männer und 51 670 Frauen) erwerbstätig. Einschließlich der Angehörigen beträgt die Zahl der aus der Bekleidungsindustrie ihren Erwerb ziehenden Juden 782 454, d. h. 15,46% der gesamten jüdischen Bevölkerung Rußlands.

Tabelle XXVIII (siehe p. 143) gibt nun Auskunft über die Zahl der im Bekleidungsgewerbe beschäftigten Handwerker in der jüdischen Einwanderung und zwar im Laufe von 13 Jahren (1889—1911). Demnach bilden sie 19,87% der gesamten jüdischen Einwanderung und 52,91% aller gewerblich Vorgebildeten.

Das Resultat ist gerade dem entgegengesetzt, das wir aus der Betrachtung der Anteilnahme des Kaufmannstandes in der jüdischen Einwanderung bekommen haben. Die im Bekleidungsgewerbe tätigen Handwerker beteiligen sich an der Einwanderung nach Amerika in viel stärkerem Maße, als sie sich nach ihrer Stärke im Heimatslande eigentlich

Tabelle XXVIII.

Bekleidungsgewerbe in der jüdischen Einwanderung.

Art des Gewerbes	1888/ 1889	1889/ 1900	1900/ 1901	1901/ 1902	1902/ 1903	1903/ 1904	1904/ 1905	1905/ 1906
Schneider	3664	7031	5981	6110	9223	16426	22334	18418
Schneiderinnen . .	—	—	—	—	—	1346	1589	2271
Weißnäherinnen .	947	1300	1811	1704	3315	2468	2068	3574
Putzmacherinnen .	—	—	—	—	—	101	273	488
Hutmacher . . .	—	—	—	—	—	683	1009	718
Friseure	141	177	164	172	266	403	578	594
Kürschner	—	—	—	—	—	410	620	530

Art des Gewerbes	1906/ 1907	1907/ 1908	1908/ 1909	1909/ 1910	1910/ 1911	Ins- gesamt	%o der Gesamt- Einwan- derung	%o der Gewerb- lich Vor- gebildet.
Schneider	21779	14882	6862	12552	12681	157953	13,55	36,51
Schneiderinnen . .	4790	2310	1367	2630	4708	21011	2,41	6,21
Weißnäherinnen .	2087	1268	892	1745	3335	26514	2,27	6,09
Putzmacherinnen .	644	337	142	306	545	2836	0,32	0,83
Hutmacher . . .	594	433	232	401	502	4572	0,52	1,35
Friseure	577	361	233	388	496	4550	0,39	1,04
Kürschner	521	373	267	423	527	3671	0,41	1,08
						221107	19,87	52,91

Anm. Das Fehlen der Angaben für die Jahre 1889—1903 für einige Gewerbearten erklärt sich dadurch, daß bis zum Jahre 1903 die Spezialisierung der verschiedenen Gewerbearten nicht genügend durchgeführt wurde.

beteiligen sollten. So bilden sie 15,46% der gesamten jüdischen Bevölkerung Russlands, dagegen 19,87% der gesamten jüdischen Einwanderung; sie bilden ferner 35,53% aller jüdischen Handwerker Russlands, dagegen 52,91% aller gewerblich Vorgebildeten in der jüdischen Einwanderung.

Was die Zahl der in der Lederbearbeitung beschäftigten Juden anbetrifft, so machen sie, wie die Tabelle XXIX (siehe p. 144) zeigt, 17,04% aller jüdischen Handwerker Russlands

Tabelle XXIX.
Lederbearbeitung in Rußland (nach der Enquete der ICA).

Art des Gewerbes	Absolut	In % zu der Zahl aller Handwerker
Schuhmacher, Stiefelmacher und Zunahtmacher	71 856	14,35
Gerber und Schaffellgerber	7 063	1,41
Handschuhmacher	1 410	0,28
Riemer, Sattler und Koffermacher . .	4 964	1,00
Andere Gewerbearten in der Lederbearbeitung	13	0,002
	85 306	17,04

Tabelle XXX.
Lederbearbeitung in der jüdischen Einwanderung.

Art der Gewerbe	1898/1899	1899/1900	1900/1901	1901/1902	1902/1903	1903/1904	1904/1905	1905/1906	1906/1907	1907/1908	1908/1909	1909/1910	1910/1911	Insgesamt	% der Ges.- Einwander.	% der gewerblich Vorgebild.
Sattler und Pferdegeschirrmacher .	58	118	104	109	206	281	358	256	308	231	104	178	188	2 449	0,21	0,56
Schuhmacher . . .	1111	1618	1284	1285	1614	2763	3824	2353	2606	1981	1125	1955	1829	25 348	2,17	5,82
Gerber und Lederarbeiter	165	539	341	270	497	347	531	254	240	203	103	225	237	3 952	0,33	0,91
														31 749	2,71	7,29

aus. Diese Zahlen sind der Entquete der ICA entnommen. Die amtliche Volkszählung vom Jahre 1897 aber verzeichnet nur 72220 der in den Industrien animalischer Producte beschäftigten Juden, was nur 1,43% ausmacht. Trifft die amtliche Volkszählung das Richtige, so wäre die Auswanderung der in der Lederbearbeitung beschäftigten Juden zweimal so groß, wie ihr prozentualer Anteil an der jüdischen Bevölkerung Russlands: denn sie machen 2,71% der gesamten jüdischen Einwanderung der letzten 13 Jahre aus, während es ihrer in Russland nur 1,43% gibt. Jedenfalls ist die Auswanderung dieses Gewerbes sehr beträchtlich.

Dreizehntes Kapitel.
Allgemeiner Charakter der Periode.

Wenn man die Wanderungen der dritten Periode in Zusammenhang mit den Wanderungen der vorhergehenden Perioden bringt, so fällt dem Beobachter sofort die merkwürdige Tatsache auf, daß die Juden die Richtung ihrer Wanderungen, der sie fast 18 Jahrhunderte hindurch treu geblieben waren, plötzlich verließen, um eine ganz entgegengesetzte Richtung einzuschlagen. So können im Gegensatz zu den früheren, die jüdischen Wanderungen der Neuzeit dahin charakterisiert werden, daß es **die Wanderungen aus den Ländern mit niedrigster wirtschaftlicher Kultur in die ökonomisch fortgeschrittensten Länder sind.**

Welches sind die Ursachen dieser Erscheinung?

Nun, zuerst kommt ein rein, wir möchten sagen: kulturgeographisches Moment in Betracht. Nämlich die Tatsache, daß, rein geographisch genommen, mit dem europäischen Rußland, oder richtiger mit dem Uralgebirge, das Gebiet der Kulturvölker aufhört und die Gegenden anfangen, die im großen und ganzen erst kultiviert, urbar gemacht werden müssen. Die Juden aber eigneten sich für eine solche Urbarmachung der Länder nie und eignen sich auch heute nicht dafür. Im Gegenteil gingen sie immer in Länder, die schon eine gewisse wirtschaftliche Stufe erreicht hatten, und wo sich für sie irgend welche wirtschaftliche Betätigung fand. Einem Agrarvolke das zu vermitteln, was es gerade seiner Natur als Agrarvolk nach nicht zu leisten im Stande ist — das war eine Aufgabe für die Juden. Sie stellen aber keineswegs das Menschenmaterial dar, das sich erst für die Schaffung eines Agrarstandes eignete; wohlbemerkt: eines Agrarstaates, in dem die Urproduktion, der rohe Getreidebau und die vorhergehende Rodung die Hauptaufgabe der Neuangesiedelten ist. Für so etwas passen die russischen Bauern natürlich viel besser, weshalb auch die innere Kolonisation Sibiriens mit russischen Bauern eine der vornehmsten Aufgaben der russischen Agrarpolitik bildet, es fällt aber keinem Menschen ein, durch Massenübersiedelung der Juden nach Sibirien ihrer ökonomischen Notlage im Ansiedlungsrayon abhelfen zu wollen.

Zu diesem kultur-geographischen Momente gesellte sich noch ein politisches, das darin bestand, daß den Juden der Aufenthalt in Sibirien und im asiatischen Rußland überhaupt verboten wurde.

Somit blieb für die breiten Massen des jüdischen Volkes, bei denen das Bedürfnis nach Auswanderung sich so mächtig geltend machte — und dies glauben wir im Vorhergehenden nachgewiesen zu haben — nur noch ein Weg: nämlich von nun an nicht mehr in der Richtung nach Osten, sondern in der nach Westen.

Weshalb aber haben sich die Juden gerade nach England und den Vereinigten Staaten von Amerika gewendet?

Nun eben deshalb, weil nur diese Länder mit ihrer weit fortgeschrittenen kapitalistischen Entwickelung die breiten Arbeitermassen des jüdischen Volkes aufnehmen konnten. Es ist bekannt, daß die Juden in England und Amerika hauptsächlich in der Bekleidungsindustrie beschäftigt sind. Diese Bekleidungsindustrie aber kann nur deshalb so große Massen von Juden beschäftigen, weil die allgemeine wirtschaftliche Entwickelung die großen Absatzmärkte schon vorher geschaffen hat. Außerdem setzt die Produktionsart, die in dieser Bekleidungsindustrie herrscht, das „Sweating-system, das möglichste Maß der Ausbeutung und die schlechtesten Arbeitsbedingungen voraus. Die organisierte Arbeiterschaft der großen Kulturstaaten aber läßt sich auf solche Arbeitsbedingungen nicht ein, weshalb auch die Juden den betreffenden Industriezweig allein für sich in Anspruch nehmen konnten. „Denn was die hochentwickelten modernen Industriestaaten, wie die Vereinigten Staaten, zum Ziele der jüdisch-proletarischen Wanderung machte, ist die Möglichkeit, in die Wagschale des harten Konkurrenzkampfes ihr niedriges Lebensniveau und ihre ärmeren Ansprüche zu werfen" [156].

Der veränderte Gang der jüdischen Wanderungen, wie wir ihn in den letzten 30 Jahren beobachten können, ist für die ganze Gestaltung des jüdischen Lebens der Gegenwart von eminent großer Bedeutung.

Das Ausschlaggebende ist dabei, daß die Juden nicht mehr — wie es in den früheren Jahrhunderten der Fall war — die Träger des wirtschaftlichen Fortschrittes, sondern, im Gegenteil, die des wirtschaftlichen Rückschrittes sind. Wir haben schon gesehen, daß die Juden in früheren Epochen die wirtschaftlichen Funktionen ausübten, die in der Folge der Entwickelung zu den grundlegenden und wichtigsten im Wirtschaftsleben der Völker geworden waren. Das ökonomische Gebiet, auf dem die Juden sich anfangs betätigten, wurde schließlich zur Grundlage der Blüte und der Macht der Völker.

Anders ist es in der Gegenwart. Denn mag die jüdische Hausindustrie Englands und Amerikas für diese Länder von noch so großer Bedeutung sein, in ihrer heutigen Form muß sie doch als rückständig bezeichnet werden.

Jedenfalls steht fest, daß die Juden, oder sagen wir lieber die jüdischen Wanderer der Neuzeit, nicht mehr den wirtschaftlichen Fortschritt repräsentieren. Oder man kann auch sagen: die Juden haben keine wirtschaftliche Mission mehr.

Dadurch aber sind die Juden dahin gebracht worden, sich den inneren sozialen Problemen des jüdischen Lebens zuzuwenden. Handelte es sich am Anfang der Judenemanzipation vornehmlich darum, sich das Herrenvolk sozusagen zu verpflichten, indem man für sein Wirtschaftsleben etwas Großartiges und Hervorragendes leistete und so hoffen durfte, mit ihm allmählich zu verschmelzen, so heißt es heute, die schwer wiegenden eigenen Probleme der Lösung näher zu bringen.

Über die soziale Struktur der Wanderungen der letzten Periode können wir uns hier ganz kurz fassen. Denn schon im vorigen Kapitel glauben wir nachgewiesen zu haben, daß es vornehmlich die Arbeiterklasse ist, die in den heutigen Wanderungen der Juden den Ton angibt. Ihr Arbeitercharakter tritt uns klar und deutlich entgegen.

Dies Moment kann für die Zukunft des jüdischen Volkes von einer ganz großen Bedeutung werden. Denn dadurch

kam in die jüdischen Wanderungen das Element, das —
allerdings erst nach einer längeren Entwickelung und in
einem passenden Lande — die Grundlage für die Schaffung
eines jüdischen Bauernstandes bilden kann. Doch gehören
diese Zukunftsperspektiven nicht hierher [157].

Der Eindruck, den die gewaltige Auswanderung der
Neuzeit auf die gesamte Judenheit gemacht hat, war ein
sehr tiefer. Man glaubte sich nach der am Anfang des
vorigen Jahrhunderts in Angriff genommenen und in der
Mitte des Jahrhunderts vollendeten Emanzipation der Juden
in fast allen modernen Kulturstaaten, fest an die heimatliche Scholle gebunden. „Sie (die Masse der Juden) war
glücklich, nach 18 Jahrhunderten der Unstätigkeit, während
welcher ihr Leben einer ziellosen Meerfahrt im gespens-
tischen Schiffe des fliegenden Holländers geglichen hatte,
endlich festen Grund unter den Füßen zu haben und gab
sich ganz dem unbekannten Frohgefühl der Bodenständigkeit hin" [158].

Die jüdischen Wanderungen der Neuzeit haben diesen
Glauben an die jüdische Bodenständigkeit wieder zu nichte
gemacht. Die wissenschaftliche Untersuchung aber hat ihrerseits die Anschauung mehr und mehr bekräftigt, daß auch
die neuesten jüdischen Wanderungen nicht einen sporadischen, sondern einen dauernden, systematischen Charakter
tragen.

Nun kommt es darauf an, dieser Wanderungen des
jüdischen Volkes Herr zu werden, sie zu organisieren und
zu regulieren: ihnen ein bestimmtes Ziel zu setzten [159].
Dem jüdischen Volke ist somit eine Aufgabe zugefallen,
durch deren Lösung es ein Werk vollbringen kann, das in
der jüdischen Geschichte wohl einzig dastehen wird. Auch
kommt dadurch in die jüdische Geschichte die Initiative,
das eigene Geschick zu gestalten, die man in ihr bis heute
fast gänzlich vermißte.

Anmerkungen und Literaturnachweis.

Einleitung.

1. E. v. Philippovich „Auswanderung" im Handwörterbuch der Staatswissenschaften. 3. Aufl. Bd. II p. 260.

2. Es gibt freilich einige Völker, bei denen die Wanderungen auch heute noch eine eminent große Bedeutung haben; es konstituieren sich noch heute viele Nationen (Kanada, Australien, Argentinien, Brasilien). Wie unter der Einwirkung der mongolischen Wanderungen etwa Sibirien in der Zukunft aussehen wird, ist nicht vorauszusehen. Doch haben Wanderungen für die Juden eine ganz andere Bedeutung als für jedes andere Volk: denn es fand in der jüdischen Geschichte und findet noch heute eine beständige Verschiebung des jüdischen Zentrums statt. Bei anderen Völkern ist dem aber nicht so. So spielt bei den Irländern und Italienern, die nächst den Juden die größte Zahl der Wanderer aufweisen, nicht die Wanderung, sondern einzig die Auswanderung aus einem bestimmten Heimatlande eine Rolle. Diese beiden Völker haben doch eine Heimat, einen Staat, ein beständiges Zentrum, und es ist wohl möglich, daß mit der Verbesserung der Lebensbedingungen des italienischen Volkes die italienische Emigration nach und nach an Stärke verliert, während die Juden nirgends einen Staat bilden und ihre Wanderungen nicht ein Land zum Ausgangspunkt haben, sondern die Juden aller Länder mehr oder weniger in den Migrationsprozeß einbezogen sind.

3. Alle solche Definitionen haben einen mehr oder weniger relativen Wert. Man kann auch sagen: die jüdische Frage besteht in den besonderen Rasseeigentümlichkeiten der Juden; oder: das Wesen der jüdischen Frage ist die jüdische Religion; oder: die jüdische Frage ist die Frage der jüdischen Assimilation. Es kommt immer auf den Standpunkt an. Wir wollen nun die jüdische Frage von dem Standpunkte der jüdischen Wanderungen aus betrachten, und zwar, um dadurch die Bedeutung der Wanderungen im jüdischen Leben klar und deutlich zu Tage treten zu lassen. Der Vorwurf der Einseitigkeit kann uns deshalb nicht treffen.

4. Neben der Zahl spielt noch der Faktor der Organisation eine nicht zu unterschätzende Rolle. „Widerstandsfähigkeit einer sozialen Gruppe ist umgekehrt proportional der Zahl beim Fehlen der Organisation und ist proportional der Zahl und dem Grade der

Organisation, wenn eine solche vorhanden ist" (B o r o c h o f f). Das
ist schon aus dem im Text angegebenen Beispiele (die Arbeiter) zu
ersehen. — Trotzdem aber bleibt das über die jüdische Widerstandskraft Gesagte in Kraft. Es ist bekannt, daß die Arbeiter
leichter zu organisieren sind, als die Arbeitgeber; die Organisationen der letzteren sind erst nach den Organisationen der Arbeiter entstanden. Noch schwerer ist ein Volk, das keinen Staat
bildet und dessen verschiedene soziale Gruppen oft in schwere
wirtschaftliche Konflikte mit einander geraten, zu organisieren. Die
Juden haben sich als Volk nur zweimal organisiert: in Babylonien
und in Polen um 1580. (Die Vier-Länder-Synode [Waad Arba
Arazot]. Vgl. darüber G r ä t z „Geschichte des jüdischen
Volkes" Bd. IX p. 449 ff.). Später spielte der Kabal eine gewisse Rolle, im großen und ganzen aber hatten diese Organisationen nicht die Kraft, die Konkurrenz mit der einheimischen Bevölkerung auf die Dauer zu mildern, geschweige denn
zu beseitigen, zumal noch die Exterritorialität des jüdischen Volkes
höchst ungünstig auf die Möglichkeit der Organisation der Juden
wirkte. Die Frage, inwieweit in der Gegenwart die Ansätze zu
einer allgemeinen Organisation des jüdischen Volkes im Osten —
etwa in der Gestalt einer national-politischen Autonomie — vor-
liegen, haben wir hier nicht zu untersuchen; jedenfalls ist diese
Organisation einstweilen noch Zukunftsmusik.

5. G. C a r o „Sozial- und Wirtschaftsgeschichte der Juden im Mittelalter und der Neuzeit". 1908 Bd. I. p. 13.
6. Vgl. darüber O t t o B a u e r „Die Bedingungen der nationalen Assimilation", Zeitschrift „Kampf" März 1912 p. 250.
7. B ä c k „Geschichte des jüdischen Volkes" 1906 p. 3.
8. W. S o m b a r t „Die Juden und das Wirtschaftsleben" 1911 p. 463.

Erster Abschnitt.

9. „Auch die Sagen über die Wanderungen der Patriarchen haben
   keinen völkergeschichtlichen Gehalt" E d. M e y e r „Geschichte
   des Altertums" 1884. Bd. I p. 215.
10. E d. M e y e r „G. d. Altertums" Bd. I p. 118.
11. K. K a u t s k y „Der Ursprung des Christentums" 1908 p. 213.
12. E d. M e y e r „Die wirtschaftliche Entwickelung des Altertums"
    1895 p. 12.
13. Die Zahl der Deportierten ist genau festgestellt von E d. M e y e r
    „Die Entstehung des Judentums" 1896 p. 108—14.
14. Zitiert bei G r ä t z „G. d. J." II₂ p. 73.
15. Daß die 5 Bücher Moses zum größten Teil während und nach dem
    Exil verfaßt sind und ihre endgültige Redaktion wohl erst im
    5. Jahrhundert v. Chr. bekommen haben, ist bekannt. Vgl. „Die
    heilige Schrift des Alten Testaments", hrzg. von K a u t z s c h.
    3. Aufl. p. 1 ff. Außerdem habe ich nur Stellen zitiert, die nach-
    weislich nach dem Exil verfaßt sind.

16. Vgl. S c h ü r e r „Geschichte d. jüd. Volkes" 1898. Bd. II p. 498. „. . . die spezifisch israelitischen Ideen, welche das Verhältnis des jüdischen Volkes zu Jahwe als dem Gott Israels zum Gegenstand haben . . . bilden das Zentrum, um welches jene anderen (die allgemeinen religiösen Ideen) gruppiert und auf welches dieselben bezogen werden." Es ist „d e r G e d a n k e , d a ß G o t t d i e s e s e i n e (jüdische) V o l k z u s e i n e m E i g e n t u m e r k o r e n h a t u n d i h m d a d u r c h a u s s c h l i e ß l i c h s e i n e W o h l t a t e n s p e n d e t".

17. „Das Streben nach Würde, ohne die ein Volk auf die Dauer nicht existieren kann" (D. P a s m a n i k „Die Judenassimilation seit Mendelsohn", „Jüdischer Almanach" Wien 1910 p. 51) hat auch später und immer auf den Charakter der Geistesbewegungen im Judentum mächtig gewirkt.

18. E d. M e y e r „Geschichte d. Altertums" 1901. Bd. III p. 217.

19. Zwar ist es nicht zu ermitteln, ob die Juden wirklich aus Kanaan wanderten, doch blieb den Nachkommen diese vielleicht nur sagenhafte Rückkehr immer gegenwärtig.
vielleicht nur sagenhafte Rückkehr immer gegenwärtig.

20. „Eben weil man in dem politischen Untergang des Volkes die Idee der Macht des Nationalgottes nur dadurch retten konnte, daß man ihn zum alleinigen Herrn des Himmels und der Erde erhob . . . war eine zukünftige Restauration unentbehrlich, durch die sich Jahwe aller Welt als der alleinige Gott manifestierte." E d. M e y e r „G. d. A." Bd. III p. 176.

21. Diese Erörterung über den möglichen Einfluß der ersten jüdischen Wanderungen auf die Herausbildung der Idee der Auserwähltheit — die übrigens auch erst nach dem Exil durch Esras Gesetzgebung für das praktische Leben bedeutsam geworden ist (vgl. A. R u p p i n „Die Juden der Gegenwart" 2. Aufl. 1911 p. 137) — kann nur eine bescheidene Ergänzung zu anderen über dieses Problem gemachten Erörterungen sein und erhebt keineswegs den Anspruch, sie zu ersetzen. Über die Frage vgl. noch E d. M e y e r „G. d. A." Bd. I. p. 372 ff.; p. 396 ff. — Daß die Frage nur kurz gestreift werden konnte, ergibt sich von selbst aus der Aufgabe der Arbeit.

22. E d. M e y e r „Die wirtschaftliche Entwickelung des Altertums" 1895 p. 42.

23. K. K a u t s k y „Der Ursprung des Christentums" 1908 p. 252.

24. G r ä t z „G. d. J." Bd. III p. 26.

25. Eine fast vollständige Übersicht über die damalige Ausbreitung der Juden gibt S c h ü r e r „Geschichte d. jüd. V." Bd. III p. 1—38.

26. G r ä t z „G. d. J." Bd. III p. 542.

27. E d. M e y e r „Die wirtschaftliche Entwickelung des Altertums" p. 56; p. 62.

28. C a r o „Sozial- und Wirtschaftsgeschichte der Juden" 1908 p. 24.

29. J. S c h i p p e r [„Anfänge des Kapitalismus bei den abendländischen Juden im früheren Mittelalter", Zeitschrift für Volkswirt-

schaft, Sozialpolitik und Verwaltung. Bd. 15. 1906; später als einzelne Broschüre erschienen) gegen S o m b a r t s Hypothese von
dem Herüberretten der jüdischen Vermögen aus der alten Welt
ins Mittelalter sich wendend, will beweisen, daß die Juden im ausgehenden Altertum sich in nichts von der übrigen Bevölkerung
unterschieden, keine Reichtümer gehabt hätten, die sie hätten
herüberretten können, und bei der Verteilung von Grund und
Boden nördlich der Alpen ebenso wie die cives Romani ihren Anteil bekommen hätten. Somit seien sie gewöhnliche Grundbesitzer
und Ackerbauer gewesen; erst später seien sie zum Handel gezwungen worden (p. 504—13). — Daß die Juden in Rom große Vermögen besaßen, beweist allein die Tatsache, daß sie dort eine
große Macht hatten, was im damaligen Rom ohne Geld schwerlich
möglich gewesen wäre. Wären sie so arm gewesen, wie es sich
S c h i p p e r denkt, so könnte Cicero nicht über das viele Geld
klagen, welches jährlich aus Rom und den Provinzen nach Palästina (Jerusalem) ginge; auch waren die Juden immer im Stande,
die jüdischen Sklaven loszukaufen. Und schließlich konnte die
jüdische — aber wohl bemerkt freiwillige — Einwanderung nach
Rom nur eine der Reichen sein; der arme Jude hatte in Rom nichts
zu suchen und konnte die Reisespesen sicherlich nicht erschwingen. — Gleichviel — das Vorhandensein großer Vermögen bei den
Juden am Anfang des Mittelalters leugnet S c h i p p e r schließlich auch nicht, will sie aber aus der akkumulierten Grundrente
ableiten. Der Vorgang soll sich folgendermaßen abgespielt haben:
„Mit der Annahme des Katholizismus durch die germanischen
Völkerschaften (die früher Arianer waren) wird der Assimilierungsprozeß zwischen ihnen und christlichen Römern leichter;
darum verliert das römische Recht allmählich seine Bedeutung,
und mit ihm geht auch die Identifizierung der Juden mit den cives
Romani verloren. Die neuen Volks- oder Stammesgesetze kennen
die Juden nicht, und so bleiben sie als einziges fremdes Volk in
den germanischen Staaten übrig. Waren die Juden bis dahin der
Markgenossenschaft als Gleichberechtigte einverleibt und somit
auch in ihrem Grundbesitze geschützt, so ging dies nun mit der
allmählichen Ausscheidung der Juden aus der Mark für sie verloren. Die Veräußerung des jüdischen Grundes und Bodens, die
durch die neue Ordnung notwendigerweise hervorgerufen sein
dürfte, brachte den Juden die ersten bedeutenderen mobilen Vermögen" (p. 512). Leider hat S c h i p p e r nicht einen einzigen Beleg für diese Vermutung gebracht, er führt kein einziges Beispiel
für solche Veräußerungen an. Und es ist ganz unwahrscheinlich,
daß sie jemals stattgefunden haben. v. I n a m a - S t e r n e g g
(„Deutsche Wirtschaftsgeschichte" Bd. I p. 79—80), auf welchen sich
S c h i p p e r beruft, spricht nur über die Ungleichheit des Besitzes
in der Markgenossenschaft und Veräußerungen mittels Kaufes oder
Tausches zwischen Angehörigen verschiedener Geschlechter oder

zwischen Verwandten — über die Juden aber kein Wort. Und
woher konnten denn die Markgenossenschaften solche bedeutende
mobile Vermögen haben, um den zahlreichen Juden ihren Besitz
abzukaufen? (Zumal sie an letzterem keinen Mangel hatten.) —
Das Aufhören der Wirksamkeit des römischen Rechts, worauf sich
eigentlich die ganze Hypothese stützt, kann hier nichts beweisen.
Ebenso wie die spätere Rezeption, wurde der Niedergang des
römischen Rechts, das überall Verkehr und Geldwirtschaft zur
Voraussetzung hatte, durch veränderte ökonomische Verhältnisse
herbeigeführt. Dem Charakter der germanischen Naturalwirtschaft war eben das römische Recht nicht angepaßt, und unterschieden sich die Juden wirklich von den Germanen in nichts,
so konnten sie die Einführung der neuen Gesetze nur begrüßen.
— Der Vorgang war aber ein umgekehrter: eben darum, weil die
Juden eine besondere soziale Stellung inmitten der germanischen
Volkswirtschaft einnahmen, paßten für sie die neu eingeführten
Stammes- oder Volksgesetze nicht; darum wurde auch für sie ein
besonderes Fremdenrecht geschaffen. — S c h i p p e r s Veräußerungen des jüdischen Grundes und Bodens sind mithin ganz unwahrscheinlich. Man braucht wirklich zu solchen Vermutungen
nicht zu greifen, um zu beweisen, daß die jüdische Eigenart nicht
nur die des Händlers ist, sondern daß die Juden auch Ackerbauer
gewesen sind und sein können. Der S o m b a r t ' sche Satz bleibt
mithin in seiner Kraft bestehen: „Wahrscheinlich ist, daß von den
wohlhabenden Juden, denen wir überall im späteren Römerreich
begegnen, ein beträchtlicher Teil den Besitz an Gold, Schmuck-
sachen und kostbaren Geräten aus der versinkenden alten Welt
herüberrettete ins Mittelalter." („Der moderne Kapitalismus"
1902 Bd. I p. 270.)

30. „ . . . es gab damals noch viel herrenlosen Grund und Boden in
der Euphratgegend, und wer sich anheischig machte, Grundsteuer
davon zu zahlen, durfte sich ihn aneignen", G r ä t z „G. d. J."
IV ₃ p. 254.

31. C a r o „Sozial- und Wirtschaftsgeschichte der Juden" p. 124.

32. Vgl. G r ä t z „G. d. J." IV ₃ p. 375—76.

33. Vgl. G r ä t z „G. d. J." V ₂ p. 311.

34. Vgl. C a r o „Sozial- und Wirtschaftsgeschichte d. J." p. 126.

35. S o m b a r t , dem es hauptsächlich um die Konstanz des jüdischen
Wesens zu tun ist, nimmt natürlich auch die Kontinuität der jüdi-
schen Geschichte an. In seinem Buche „Die Juden und das Wirt-
schaftsleben" (p. 413) gibt er einen kurzen Abriß der jüdischen
Wanderungen: „Seit Ende des 5. Jahrhunderts erst langsame, dann
rasche Entleerung Babyloniens in alle Gebiete der Erde: nach
Arabien, nach Indien, nach Europa. Seit dem 13. Jahrhundert
Abfluß aus England, Frankreich, Deutschland, teils nach der
Pyrenäenhalbinsel, in die schon vorher viele Juden aus Palästina
und Babylonien gewandert waren, teils in die europäischen Ost-

reiche, in die seit dem 8. Jahrhundert auch vom Südosten her über das Schwarze Meer der Strom aus dem byzantinischen Reiche sich ergoß." — Dieser kurze Abriß der jüdischen Wanderungen ist nicht richtig: es fand keine „rasche Entleerung Babyloniens seit dem 5. Jahrhundert" statt, da noch im 7. und 8. Jahrhundert die babylonischen Juden die Mehrheit aller Juden bildeten: in der Glanzperiode des Exilarchats (vgl. G r ä t z „G. d. J." V 2 p. 118). — Die spanische Judenheit hat sich aus eigenen Kräften vermehrt; ein Zufluß aus Palästina ist nicht historisch nachweisbar. Der Verkehr zwischen Palästina und Spanien war überhaupt ein sehr dürftiger; er wurde vornehmlich aufrecht erhalten durch einige Juden, die aus Spanien nach Palästina gingen, um dort, auf dem heiligen Boden, zu sterben (der Philosoph Nachmani, der Dichter Jehuda Halevi). — Ebenso ist es nicht richtig, daß die Juden seit dem 13. Jahrhundert aus England, Frankreich und Deutschland nach der Pyrenäenhalbinsel auswanderten. Es ist eben das Charakteristische der Geschichte der spanischen Juden, daß sie, von der übrigen Judenheit nicht behindert — deren Lebensbedingungen gerade damals nicht übermäßig gut waren (Verfolgungen in Deutschland, Vertreibungen aus Frankreich und England), — sich so großartig entwickelt haben. So gingen um 1286 aus Deutschland (Mainz, Worms, Speier, Oppenheim und anderen Städten in der Wetterau) ausgewanderte Juden nicht nach Spanien, sondern übers Meer nach Syrien (G r ä t z „G. d. J." VII 2 p. 188). Die Juden, die im Jahre 1290 aus England vertrieben wurden, gingen nach Frankreich, nachher nach Deutschland; ob ein Teil vielleicht nach N o r d spanien kam, ist nicht sicher festzustellen; bei G r ä t z (VII 2 p. 198) steht es: „und ein anderer Teil (der verbannten Juden) ging wohl nach Nordspanien." — Die Juden, die im Jahre 1306 aus Frankreich ausgewiesen wurden, gingen ebenfalls nicht nach Spanien. „Die Vertriebenen zerstreuten sich in alle Welt: manche wanderten bis nach Palästina, die meisten aber h i e l t e n s i c h so viel als möglich in der Nähe der französischen Grenze, in der eigentlichen Provence, die damals zum Teil unter deutscher Oberhoheit stand, und in der Provinz Ronsillon, die dem argentinischen König von Mallorca gehörte, und auch auf dieser Insel" (G r ä t z „G. d. J." VII 2 p. 269). Neun Jahre nach ihrer Vertreibung k e h r t e n sie nach Frankreich z u r ü c k. — Außerdem fingen gerade im 14. Jahrhundert in Spanien und Portugal Judenverfolgungen an, sodaß kaum anzunehmen ist, daß dorthin noch eine Einwanderung erfolgt wäre. Die Kapazität Spaniens als eines Einwanderungslandes war gerade damals eine sehr geringe; die Juden besorgten dort vornehmlich das Geldgeschäft, das seiner Natur nach keine großen Massen von Menschen beschäftigen konnte; und andere Beschäftigungen — Industrie, Landbau und Gewerbe — boten nicht viel Möglichkeiten für die Einwanderer, zumal diese Beschäftigungen ihre Bedeutung nach und nach verloren. Die Beamtenstellen aber konnten dort nicht von den ausländischen Juden besetzt werden. — Ebenso darf man „den Strom, der sich über das Schwarze Meer aus dem byzantinischen Reiche in die europäischen Ostreiche ergoß", nicht zu hoch anschlagen. Der ganze Strom bestand aus höchstens einigen Tausend Juden — und damit war er zu Ende. Mit der Eroberung von Byzanz durch Mohamed (1453) hat sich die Lage der Juden in der Türkei so glücklich gestaltet, daß von Auswanderung nicht mehr die Rede sein konnte.

36. G r ä t z „G. d. J." V₃ p. 206—09.
37. S c h i p p e r „Anfänge des Kapitalismus bei den abendländischen Juden im früheren Mittelalter", Zeitschrift für Volkswirtschaft, Sozialpolitik und Verwaltung. Bd. 15. 1906. p. 519.
38. Vgl. S t e r n b e r g „Geschichte der Juden in Polen" 1878 p. 15 ff.
39. W. R o s c h e r „Die Juden im Mittelalter" in den „Ansichten der Volkswirtschaft" 1878. Bd. II p. 333, p. 324.
40. Ibid. p. 338.
41. C a r o „Sozial- und Wirtschaftsgeschichte d. J." p. 321.
42. S c h i p p e r „Anfänge des Kapitalismus etc." p. 558.
43. Vgl. S t e r n b e r g „G. d. J. in Polen" p. 22.
44. E d. M e y e r „G. d. A." Bd. I p. 592.
45. E d. M e y e r „Die wirtschaftliche Entwickelung des Altertums" p. 42.

Zweiter Abschnitt.

46. Nur für Deutschland seien hier einige Zahlen angegeben. So zeigt die Statistik, „daß in der Verteilung der Juden auf die einzelnen deutschen Landesteile seit dem Jahre 1871 namhafte Verschiebungen vor sich gegangen sind. Insbesondere in die Augen fallend ist der Rückgang der Zahl der Juden in den östlichen Gebietsteilen. So zählten die Provinzen Ostpreußen, Westpreußen, Pommern und Posen im Jahre 1871 116 075 = 22,67% aller Juden in Deutschland, 1900 nur noch 78 310 = 13,35% . . . Die abgewanderten Juden nehmen zum Ziel einmal Berlin, sodann die westlichen preußischen Provinzen, Hessen-Nassau und Rheinland. In Berlin und der Provinz Brandenburg, zu der die Vororte von Berlin gehören, wohnten 1871 47 489 = 9,27% aller deutschen Juden, 1900 dagegen 117 972 = 20,10%; in den Provinzen Hessen-Nassau und Rheinland 1871 74 813 = 14.61%, 1900 dagegen 100 356 = 17,10%." („Zeitschrift für Demographie und Statistik der Juden" 1905 [I] Januar, p. 11. — Ferner vgl. noch Dr. F. T h e i l h a b e r „Der Untergang der deutschen Juden" 1911 p. 27 ff.).
47. M. K a y s e r l i n g „Geschichte der Juden in Spanien und Portugal" Buch II 1867, p. 26.
48. „The Jewish Encyclopedia" Vol. XI p. 492.
49. M. K a y s e r l i n g „Geschichte d. J. in Spanien und Portugal" Buch II p. 67.

50. Loc. cit. p. 90.
51. Loc. cit. p. 91.
52. Grätz „G. d. J." Bd. XI p. 459.
53. Grätz „G. d. J." VIII₃, zweite Hälfte, p. 367.
54. Kayserling p. 110.
55. „The Jewish Encyclopedia" Vol. XI p. 501; nach den Berechnungen von Isidore Loeb.
56. „The Turks were good soldiers, but were unsuccessful as business men; and accordingly they left commercial occupations to other nationalities. They distrusted their Christian subjects, however, on account of their sympathies with foreign powers; hence the Jews, who had no such sympathies, soon became the business agents of the country". „The Jewish Encyclopedia" Vol. XII p. 280.
57. Das Schreiben ist abgedruckt bei Grätz „G. d. J." VIII₂, ₃ p. 215.
58. Abgedruckt bei Grätz „G. d. J." IX₃ p. 11.
59. Grätz „G. d. J." IX₃ p. 27.
60. Vgl. M. Philippson „Neueste Geschichte des jüdischen Volkes" 1910 Bd. II p. 310 ff.
61. Vgl. Kayserling, Buch II p. 157.
62. Vgl. Grätz „G. d. J." VIII₂, ₃ p. 360.
63. Vgl. M. Philippson „N. G. d. j. V." Bd. II p. 322 ff.
64. Grätz „G. d. J." IX₃ p. 39.
65. Sombart schreibt: „Im 16. Jahrhundert ereilt sie (die Juden) dasselbe Schicksal (die Vertreibung) in einer Anzahl italienischer Städte ... Auch hier fällt zeitlich wirtschaftlicher Rückgang und Abwanderung der Juden zusammen" („Die Juden u. d. Wirtschaftsleben" p. 16). Doch darf man aus dieser Parallelität nicht den Schluß ziehen — wie es S. tut —, daß die Abwanderung den wirtschaftlichen Rückgang herbeiführte (p. 15). Der Vorgang war ein umgekehrter: die Vertreibung der Juden war eben das erste Zeichen des beginnenden wirtschaftlichen Rückganges.
66. Als 150 von ihnen in den Kerker geworfen waren, boten die anderen dem König Philipp III. Entlastung von den Schulden und überdies noch ein Geschenk von 1 200 000 Cruzados (2 400 000 Mark), wenn den eingekerkerten Marranen Verzeihung gewährt würde; auch die Räte, die den König umstimmen mußten, haben 150 000 Cruzados bekommen. (Vgl. Grätz „G. d. J." IX₃ p. 486.)
67. W. Roscher „Die Juden im Mittelalter" Bd. II p. 339.
68. Grätz „G. d. J." X₂ p. 18.
69. Vgl. Dr. Felix Rachfahl „Das Judentum und die Genesis des modernen Kapitalismus", „Preußische Jahrbücher" Bd. 127, 1912.
70. Nach einem Bericht über den Vortrag in Wien („Die Welt" Nr. 10 1912); vgl. auch „Die Juden u. d. Wirtschaftsleben", „Die neue Rundschau" 1911 Heft 7.
71. Vgl. Sombart „D. J. u. d. W." p. 30 ff.
72. H. Sternberg „Geschichte der Juden in Polen" 1878 p. 3.

73. N. W. Goldstein „Ein Beitrag zur wirtschaftlichen Geschichte der polnischen Juden im Mittelalter", „Zeitschrift für Demographie u. Stat. d. Juden" 1908 (IV) p. 170.

74. Abgedruckt bei Sternberg „G. d. J. in P." p. 67.

75. Goldstein „Ein Beitrag etc.", „Zeitschr. für D. u. St. d. J." 1908 (IV) p. 171.

76. Abgedruckt bei Sternberg „G. d. J. in P." p. 88.

77. Sternberg „G. d. J. in P." p. 63.

78. „The oldest history of Galicia is identical with that of the Jews in the kingdom of Poland, of which this province formed part up to its occupation by Austria in 1772". „The Jewish Encyclopedia" Vol. X p. 549.

79. Über die Einwanderung speziell nach Polen sagt N. W. Goldstein sehr treffend: „In den folgenden Jahrhunderten spielte sich die Einwanderung zum großen Teil auf ökonomischer Basis ab, sie wurde von der allgemeinen Tendenz der jüdischen Volkswirtschaft zur Überwanderung aus dem entwickelten Westen in den unentwickelten Osten getragen", „Ein Beitrag etc." „Zeitschrift für D. u. St. d. J." 1908 (IV) p. 169.

Dritter Abschnitt.

80. Karl Marx „Zur Judenfrage", Nachlaß von K. Marx etc. Hersg. von Fr. Mehring. Bd. I p. 425 ff.

81. K. Kautsky „Der Ursprung des Christentums" 1908 p. 253.

82. W. Sombart „Die Zukunft der Juden" 1912 p. 9. — Hier begeht S. wiederum einen Fehler, indem er die nach Amerika eingewanderten Ostjuden den westlichen zurechnet. Die ökonomische Lage dieser Einwanderer ist von der der westlichen Juden so grundverschieden, daß es keineswegs statthaft ist, sie auf eine Stufe mit den westlichen zu stellen. Außerdem sind ihre Interessen gänzlich andere als die der westlichen Juden. — Es ist wahrhaftig die höchste Zeit, sich vom Wahne zu befreien, — der übrigens die jüdischen Massen schon ziemlich viel gekostet hat, — daß alle nach England resp. nach Amerika eingewanderten Juden nach den ersten Jahren „der Lehre" sich zum Reichtum und zu hoher sozialer Stellung emporheben können. Abgesehen davon, daß es einfach eine wirtschaftliche Unmöglichkeit ist, daß Tausende und Abertausende jüdischer Einwanderer sich alle in Kapitalisten umwandeln, erlaubt ihnen auch ihre ökonomische Stellung — in der gerade von ihnen ins Leben gerufenen Hausindustrie — nicht, daß sie, sagen wir: nur zur Kleinbourgeoisie übergehen. Der jüdische vierte Stand wurde z. B. in England erst vor kurzer Zeit geschaffen (vgl. N. W. Goldstein [New-York] „Die Bedeutung des jüdischen Proletariats für die englische Industrie", „Zeitschrift für D. u. St. d. J." 1909 [V] p. 121), und für ihn ist die Hauptfrage

vielmehr die Gründung von Gewerkschaften (vgl. G. H a l p e r n „Die jüdischen Arbeiter in London" 1903 p. 64 ff.), als etwa der Gang der Geschäfte auf der Londoner Börse. — Das jüdische Proletariat hat in England eine ganz neue (Bekleidungs-) Industrie geschaffen, die schon oft, und zwar von englischen Schriftstellern, als „Industrial Discovery" bezeichnet wurde, und die ausschließlich auf die Arbeit des jüdischen Proletariats sich gründet. S o m i t a b e r b l e i b t d a s j ü d i s c h e P r o l e t a r i a t d i e u n b e - d i n g t e V o r a u s s e t z u n g d i e s e r I n d u s t r i e. Das Gros der Juden in England und Amerika bildet ein ökonomisch abgeschlossenes Ganze, einen selbständigen Organismus, so daß ihr Aufgehen in der fremden Umgebung dort schon vollends ein Ding der Unmöglichkeit ist.

83. Wir sehen hier natürlich davon ab, daß es bei den Juden Polens schon früher eine gewisse soziale Differenzierung: Groß- und Kleinkaufleute, Meister und Gesellen usw. und sogar einen eigentümlichen sozialen Kampf gab, ebenso wie es bei anderen Völkern im Mittelalter der Fall war. Wir meinen hier die soziale Differenzierung im heutigen Sinne, wie sie erst seit der Entstehung des Kaptalismus in Rußland klar zu Tage getreten ist.

84. S o m b a r t „Die Zukunft der Juden" p. 12.

84a. Dabei handelt es sich nicht um die Ermittelung der Tatsachen: wieviel Angehörige der und der sozialen Gruppe national fühlen, ein nationales Selbstbewußtsein haben, sich auf dem Gebiet der nationalen Arbeit betätigen u. dergl. mehr, sondern: es ist eine Untersuchung mehr abstrakten Charakters: wie k ö n n e n evtl. müssen Angehörige der und der sozialen Gruppe sich zum Nationalismus stellen, ob sie in ihm Befriedigung irgend eines Interesses finden k ö n n e n, was für sie der Nationalismus überhaupt bedeuten k a n n. Es brauchen daher nicht die s u b j e k t i v e n Ansichten und Anschauungen der betreffenden sozialen Gruppe hinsichtlich des jüdischen Nationalismus in Betracht gezogen zu werden, sondern es wird nur die o b j e k t i v e Möglichkeit ihrer Zugehörigkeit zur nationalen Bewegung und der Grad ihres nationalen Empfindens festzustellen versucht.

85. S o m b a r t „Die Zukunft der Juden".

86. K. M a r x „Zur Kritik der politischen Ökonomie" 1907 p. LV.

87. K. M a r x „Kapital" 1894. Bd .III. Zweiter Teil p. 324—25.

88. B. B o r o c h o f f „Klassenmomente der nationalen Frage" (russisch) Odessa 1906 p. 9. — Der Gedankengang dieses Kapitels bebewegt sich im großen und ganzen im Geiste dieses, m. E. epochemachenden Werkes, das zuerst in der Zeitschrift „Das jüdische Leben" (russisch) 1905 Nr. 12 gedruckt wurde und nachher selbständig erschien. B o r o c h o f f hat die Liebenswürdigkeit gehabt, dieses Kapitel, das, wie gesagt, auf sein Werk sich stützt, durchzusehen, wofür der Verfasser der Arbeit ihm zu herzlichem Dank verpflichtet ist.

89. Ibid. p. 18.
90. Als man Rothschild gefragt hat, ob er Zionist sei, soll er geantwortet haben: „Ja, aber unter der Bedingung, daß ich sofort nach Gründung des jüdischen Staates den Botschafterposten in London bekomme."
91. E s t h e r S c h n e e r s o n „Der allgemeine jüdische Arbeiterbund in Rußland, Polen und Littauen", „Zeitschrift für D. u. St. d. J." 1905 (I) Heft 2 p. 6.
92. P o s t o j a n n y (Borochoff) in der „Jüdischen Arbeiterchronik" 1906.
93. Die Zahlen für die Jahre 1836, 1867 und 1905 sind den nicht amtlichen Angaben entnommen, die Zahl für das Jahr 1897 ist durch die amtliche russische Volkszählung vom 28. 1. 1897 ermittelt. Die ersten Zahlen finden sich in der „Zeitschrift f. D. u. St. d. J." 1908 p. 16; 1909 p. 191; 1911 p. 119.
94. Vgl. darüber A. H i l l m a n n „Jüdisches Genossenschaftswesen in Rußland" 1911 p. 13 ff.
95. B r u z k u s „Die Statistik der jüdischen Bevölkerung" (russisch) 1909 p. 3.
96. Die Benennung „Israeliten" statt „Juden" entspringt dem Umstande, daß die russische Statistik die Bevölkerung nach Religion und Muttersprache einteilt. Die Zahl der „Religionsjuden" beträgt 5 215 805, die Zahl der jüdischsprechenden Personen dagegen nur 5 054 300. Somit sprechen 96,90% aller Bekenner der jüdischen Religion das Jüdische als Umgangssprache und 0,18% der jüdischsprechenden Personen sind ihrer Konfession nach nicht israelitisch. Im großen und ganzen gilt, was die Statistik von der einen Personenklasse besagt, auch von der anderen.
97. „Die sozialen Verhältnisse der Juden in Rußland", Veröffentlichungen des Bureaus für Statistik der Juden, Heft 2, 1906, p. 7.
98. Ibid. p. 8.
99. S. M a r g o l i n „Die neuesten Angaben über den Stand der jüdischen Bevölkerung in Russisch-Polen", „Zeitschrift f. D. u. St. d. J." 1911 (VII) p. 89.
100. Ibid. p. 90.
101. „Die Judenpogrome in Rußland" hersg. im Auftrage des zionistischen Hilfsfonds in London von der zur Erforschung der Pogrome eingesetzten Kommission. Leipzig. 2 Bde. 1910. Bd. I p. 134 ff.
102. Zeitschrift „R u ß k o j e B o g a t s t w o" 1910, XII, p. 47 zitiert bei M. R a i c h „Einiges über den Stand der russischen Industrie etc." im Archiv für Sozialwissenschaft etc. 1911. Bd. 33 p. 896.
103. B. G o l d b e r g „Die Juden unter der städtischen Bevölkerung Rußlands" „Zeitschrift für D. u. St. d. J." 1905 (I) Oktoberheft p. 2.
104. Als Quellen für die berufliche Gliederung der Juden in Rußland kommen zwei statistische Erhebungen in Betracht: 1. die amtliche russische Volkszählung von 1897 (die Resultate sind ver-

öffentlicht in dem Werke unter dem Titel „Die erste allgemeine Volkszählung des russischen Reiches vom Jahre 1897" unter der Redaktion von N. A. Trojnitzkii [zum Teil mit französischem Text] 2 Bde. St. Petersburg 1905), und 2. die Enquete der Jewish Colonisation Association (ICA) vom Jahre 1898—99. (Die Resultate sind veröffentlicht in der „Sammlung von Materialien über die ökonomische Lage der Juden in Rußland" 2 Bde. St. Petersburg 1904 [russisch]). Das dadurch zu Tage geförderte Material ist in verschiedenen Werken über die Lage der russischen Juden verwertet und bearbeitet. Die im Text angeführten Tabellen sind teils entnommen, teils zusammengestellt auf Grund folgender, schon oben erwähnten Werke: „Die sozialen Verhältnisse der Juden in Rußland", A. Hillmann „Jüd. Genossenschaftswesen in R." und Bruzkus „Die Statistik der jüdischen Bevölkerung (russisch).

105. Außer den erwähnten Werken vgl. noch J. Elk „Die jüdischen Kolonien in Rußland" 1886.

106. „Die sozialen Verhältnisse" p. 59.

107. Dr. K. Vornberg „Jüdische Emigration", Versuch einer statistischen Untersuchung (russisch). Kiew 1908 p. 91.

108. Prof. Subbotin „Allgemeine Denkschrift über die jüdische Frage" 1905. St. Petersburg (russisch). Zitiert bei Hillmann p. 32.

109. Ibid. p. 32.

110. Nach dem Bericht über den Vortrag in Frankfurt. „Frankfurter Zeitung", Drittes Morgenblatt, vom 14. Mai 1912.

111. Hillmann „Jüd. Genossenschaftswesen in R." p. 32.

112. Morgulis „Der Kahal, seine geschichtliche Entstehung etc." Gesammelte Aufsätze „Fragen des jüd. Lebens" (russisch), St. Petersburg 1898. Eine kurze Darstellung dieser Organisation in deutscher Sprache findet sich in dem schon oben zitierten trefflichen Buche von Hillmann „Jüd. Genossenschaftswesen in R.", wo dieses zum ersten Male ausgezeichnet zur Darstellung gebracht worden ist.

113. Eine Darstellung der Chewra-Organisation in einer Stadt Mohilew gibt Dr. S. Rabinowitsch „Die Organisation des jüd. Proletariats" 1903.

114. Prof. M .Philippson „Neueste Geschichte des jüd. Volkes" 1911 Bd. III p. 66. Im übrigen ist dieser Band des dreibändigen Philippson'schen Werkes, der die Geschichte der Juden in Rußland behandelt, mit großer Vorsicht zu gebrauchen. Der Verfasser gibt an einigen Stellen eine ganz unrichtige Darstellung der russisch-jüdischen Verhältnisse, worauf hier jedoch nicht eingegangen werden kann.

115. Über die Bauernbefreiung in Rußland vgl. Prof. W. G. Simhowitsch im Handwörterbuch der Staatswissenschaften, 2. Aufl., Bd. 2; speziell über die nach der Befreiung erfolgte Belastung und Verschuldung des Bauernstandes p. 612 ff.

116. S. Margolin „Die wirtschaftliche Lage der jüdischen arbeitenden Klassen in Rußland" im Archiv für Sozialwissenschaft etc. Bd. 26. 1908 p. 247.
117. Ibid. p. 246.
118. Ibid. p. 250 ff.
119. S. Margolin „Die Entwickelung des jüdischen Handwerks in Rußland", „Zeitschrift f. D. u. St. d. J." 1906 p. 149.
120. Ibid. p. 151.
121. „Korrespondenzblatt der Handwerkskammer zu Düsseldorf" 1910 (XI. Jahrg.) Nr. 1 p. 3.
122. S. Margolin „Die Entwickelung etc.", „Zeitschrift für D. u. St. d. J." 1906 p. 151.
123. „Die Anteilnahme der jüdischen Arbeitskraft (— und des jüdischen Kapitals —) sinkt um so tiefer und intensiver, je höher die Produktion auf der industriellen Stufenleiter steht" Maxim Anin. „Ist die Assimilation der Juden möglich?" „Sozialistische Monatshefte" 1908 Bd. 2 p. 617.
124. J. S. Blioch „Vergleich des materiellen Lebens und der sittlichen Zustände der Bevölkerung innerhalb des jüdischen Ansiedlungsrayons und außerhalb desselben" 5 Bde. St. Petersburg (russisch). Zitiert nach Hillmann p. 23.
125. Hillmann p. 23.
126. Nach den Berechnungen von Lestschinsky in der Zeitschrift „Der neier Weg" (Jargon) 1906. Zitiert nach der Zeitschrift „Das jüdische Leben" (russisch) 1906 Nr. 8—9 p. 133.
127. Margolin „Die wirtschaftliche Lage etc." „Archiv für Sozialwissenschaft etc." Bd. 26. 1908 p. 262.
128. Ibid. p. 264.
129. Hillmann p. 25.
130. „Nur schwer gelang es, von den Färbereibesitzern den wahren Grund für ihre Abneigung, jüdische Arbeiter einzustellen, zu erfahren: es stellte sich heraus, daß die Bevorzugung polnischer Arbeiter nur durch ihre größere Billigkeit veranlaßt wurde." „Materialiensammlung" 1904 Bd. II p. 168.
131. „Die sozialen Verhältnisse etc." p. 33.
132. Dr. Weinberg „Soziales und biostatisches Verhalten der livländischen Juden", „Zeitschrift für D. u. St. d. J." 1906 (II) p. 70. Für das Städtchen Krasnopolje vgl. Dr. Weissenberg „Das Städtchen Krasnopolje" „Zeitschrift für D. u. St. d. J." 1910 (VI) p. 34.
133. S. Prokopowitsch „Haushaltungs-Budgets Petersburger Arbeiter", „Archiv für Sozialwissenschaft etc." 1910 Bd. 30 p. 89.
134. Maria Raich „Einiges über den Stand der russischen Industrie etc." „Archiv für Sozialwissenschaft etc." 1911 Bd. 33 p. 899.
135. Lawin „Der Cheder-Unterricht in Rußland" „Zeitschrift f. D. u. St. d. J." 1905 Heft 9 p. 10.
136. „Materialiensammlung" Bd. II p. 188.

137. S. M a r g o l i n „Die Zerstreutheit der jüdischen Bevölkerung in Rußland und die Großindustrie" „Zeitschrift f. D. u. St. d. J." 1910 p. 160.

138. W. S o m b a r t „Der moderne Kapitalismus" Bd. II p. 219.

139. M a r i a R a i c h „Einiges etc." „Archiv f. Sozialwissenschaft etc." 1911 Bd. 33 p. 894.

140. „Die sozialen Verhältnisse" p. 53.

141. Nach dem offiziellen Bericht in der Zeitung „Golos Moskwy" (russisch) 1912.

142. A. R u p p i n „Die Juden der Gegenwart" 2. Aufl. 1911 p. 91.

143. Die Hauptquelle für die jüdische — wie allgemeine — Einwanderung in die Vereinigten Staaten bilden die Annual Reports of the Commissioner-General of Immigration, Washington, die seit dem Jahre 1899 erscheinen. Alle Tabellen sind — wenn nichts anderes ausdrücklich erwähnt ist — auf Grund dieser Berichte zusammengestellt. Die Zahlen für die Zeit von 1899 sind dem Artikel „Migration" in „The Jewish Encyclopedia" entnommen.

144. M. P h i l i p p s o n „Neueste Geschichte des jüdischen Volkes" 1910 Bd. II p. 287. — Daß der Strom „etwas nachgelassen hat", ist auch nicht richtig, da im Jahre 1910—11 die jüdische Auswanderung — nur in die Vereinigten Staaten — die stattliche Ziffer von 91 223 erreichte, was im Vergleich mit dem Jahre 1909 ein Mehr von 33 672 und im Vergleich mit dem Jahre 1910 ein Mehr von 6 963 Auswanderern bedeutet.

145. „The Jewish Encyclopedia" Vol. VIII p. 584.

146. N. W. G o l d s t e i n „Die Bedeutung des jüdischen Proletariats für die englische Industrie" „Zeitschrift für D. u. S. d. J." 1909 p. 123.

147. Dr. J. S e g a l l „Die Einwanderung von Juden in die Vereinigten Staaten im Jahre 1907—08" „Zeitschrift f. D. u. St. d. J." 1909 p. 55.

148. Ibid. p. 55.

149. Ibid. p. 55.

150. Ibid. p. 55.

151. Dr. K. V o r n b e r g „Jüdische Emigration" Kiew 1908 (russisch) p. 37.

152. Ibid. p. 52.

153. A. R u p p i n „Die sozialen Verhältnisse" p. 12.

154. W. S o m b a r t „Der moderne Kapitalismus" Bd. II p. 346.

155. S. M a r g o l i n „Die wirtschaftliche Lage etc." „Archiv für Sozialwissenschaft etc." Bd. 26. 1908 p. 262.

156. M a x i m A n i n „Immigration — Arbeiterkonkurrenz — Arbeitsprotektionismus" „Zeitschrift für D. u. S. d. J." 1911 (VII) p. 73. — Das Bedürfnis nach jüdischen Arbeitskräften, das besonders in England recht dringend war, hat das ihrige dazu beigetragen. das Tempo der jüdischen Einwanderung nach England zu beschleunigen. In dieser Beziehung ist der folgende Brief eines der

größten englischen Konfektionshäuser au den jüdischen Gewerk-
schaftssekretär Dyche besonders interessant. Der Brief lautet:

London, den 31. Januar 1898.

Sehr geehrter Herr!

In Erwiderung auf Ihre Anfrage über den Einfluß der ausländischen jüdischen Schneider auf unseren heimatlichen Arbeitsmarkt, halten wir es für nicht mehr als gerecht, Ihnen zu bestätigen, daß die ausländischen jüdischen Schneider neue Produktionsmethoden eingeführt und ein Gewerbe geschaffen haben,
das als unbedingter Gewinn für den Handel Englands zu betrachten ist.

Wir waren, unseres Erachtens, die erste Mantelkonfektions-
firma in England, die in ihrer Fabrik ausländische jüdische
Schneider beschäftigte, und es dürfte interessant sein, an unsere
Gründe hierfür zu erinnern. Im Jahre 1885 entstand eine große
Nachfrage nach vom Schneider gefertigten (tailor-made) Damen-
Jackets und, um die Nachfrage in England und den Kolonien
zu decken, mußten wir große Quantitäten dieses Artikels aus
Deutschland importieren. Sie waren aus deutschem Material
von Schneidern in und um Berlin gefertigt. Wir versuchten es,
den Artikel in unseren eigenen Fabriken anzufertigen, aber ohne
Erfolg. Unsere Arbeiterinnen konnten die von den Schneidern
benutzten Bügeleisen nicht handhaben und ließen sich zu der
Arbeit nicht bewegen. Da die Mode im Anwachsen war, wurden
größere Bestellungen im Auslande gemacht, und im Jahre 1888
wurden in Zahlung für diesen Artikel 150 000 £ nach Deutschland
gesandt. Im Jahre 1889 beschlossen wir, in einer neuerbauten
Fabrik ausländische jüdische Schneider und ihre spezielle Arbeits-
methode einzuführen, und zwar mit befriedigenden Resultaten.

Die Qualität der Ware wurde von Jahr zu Jahr besser, und
die in unserer Fabrik hergestellten Kleidungsstücke sind besser
als die früher importierten.

Andere englische Firmen folgten unserem Beispiel, und heute
gibt die deutsche Presse den Rückgang dieses Exports nach
England zu. (Vgl. hierzu den Artikel „Die Berliner Damenmantel-
konfektion" von B. Heymann in „Neue Zeit" 1893/94. Nr. 39).

Unsere Erfahrung geht dahin, daß diese ausländischen jüdischen Arbeiter einen Zweig der Industrie pflegen, den unsere
Arbeiter nicht mit Erfolg in Angriff nehmen können, und daß
ihre Löhne hoch sind.

Hitchcock, Williams & Co.

(Aus dem „Jewish Chronicle" vom 22. April 1898, zitiert bei
G. Halpern „Die jüdischen Arbeiter in London" p. 44.)

157. Nach der ausführlichen Darstellung der Wanderungen, hielt sich der
Verfasser für berechtigt, wenigstens mit einem Worte den Zustand
anzudeuten, der den jüdischen Wanderungen ein Ende machen

könnte — ohne dadurch ein Werturteil abzugeben. Denn es handelt 'sich hier nicht darum, was „sein sollte" oder was „vorzuziehen wäre", sondern lediglich um die Feststellung der Tatsache, daß für ein Volk, das sich auf Wanderungen befindet, die Schaffung eines Bauernstandes höchst wahrscheinlich das Ende seiner Wanderungen bedeuten würde. Die Erörterung dessen, was wohl eintreten wird, bedeutet noch kein Werturteil.

158. M. N o r d a u „Das Judentum im 19. und 20. Jahrhundert" Vortrag, gehalten in Hamburg. Köln 1911 p. 16.

159. Die Organisation und Regulierung der jüdischen Auswanderung der Neuzeit ist ein Kapitel für sich in der Geschichte der jüdischen Wanderbewegungen. Hier sei nur erwähnt, daß es eine beträchtliche Zahl von Gesellschaften und Institutionen gibt, die sich mit der Regulierung der jüdischen Auswanderung befassen; es wird sogar ein besonderer Kongreß aus Vertretern der Juden der ganzen Welt geplant, der die Regulierung einheitlich gestalten soll.

Lightning Source UK Ltd.
Milton Keynes UK
UKHW020431091218
333599UK00008B/836/P